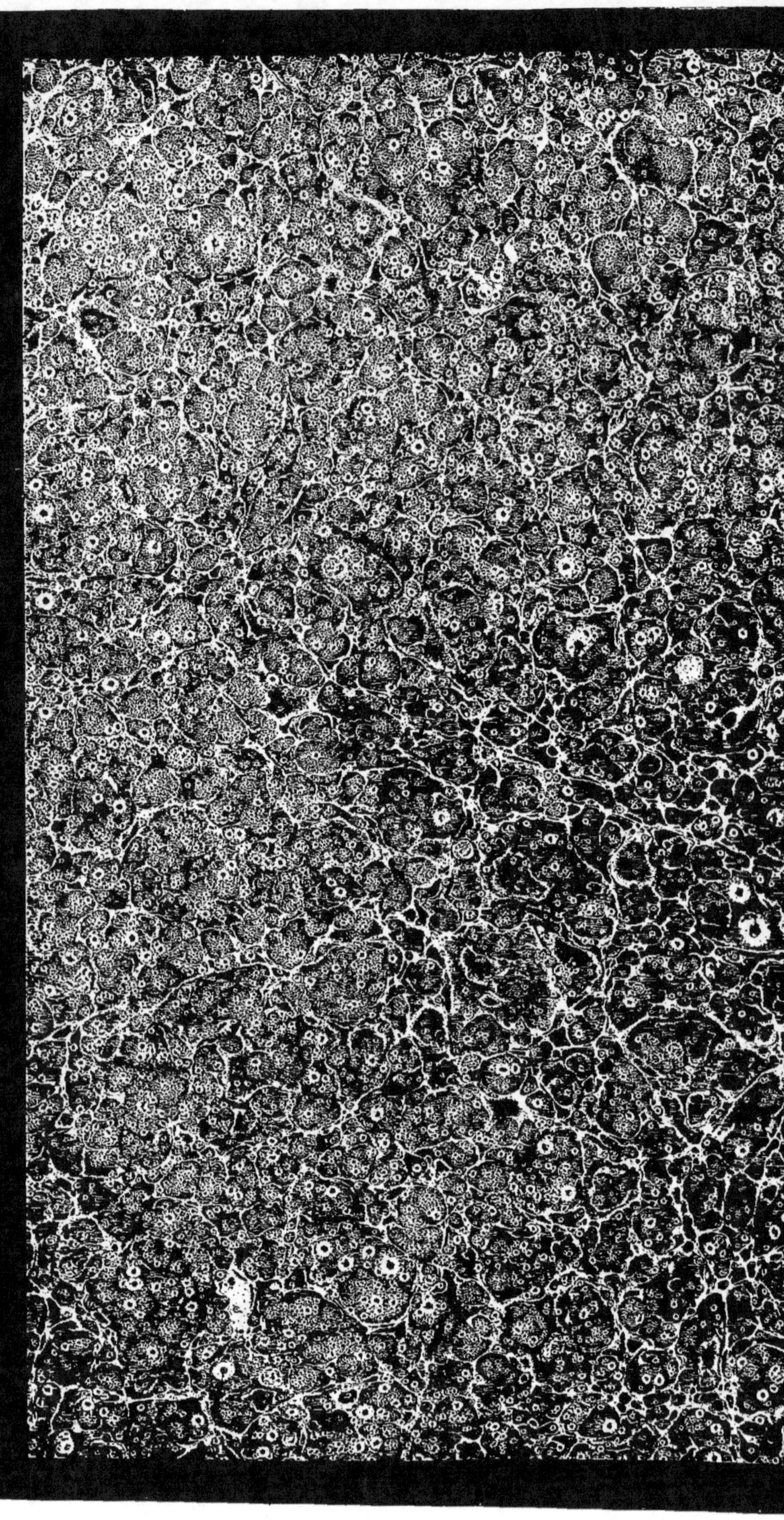

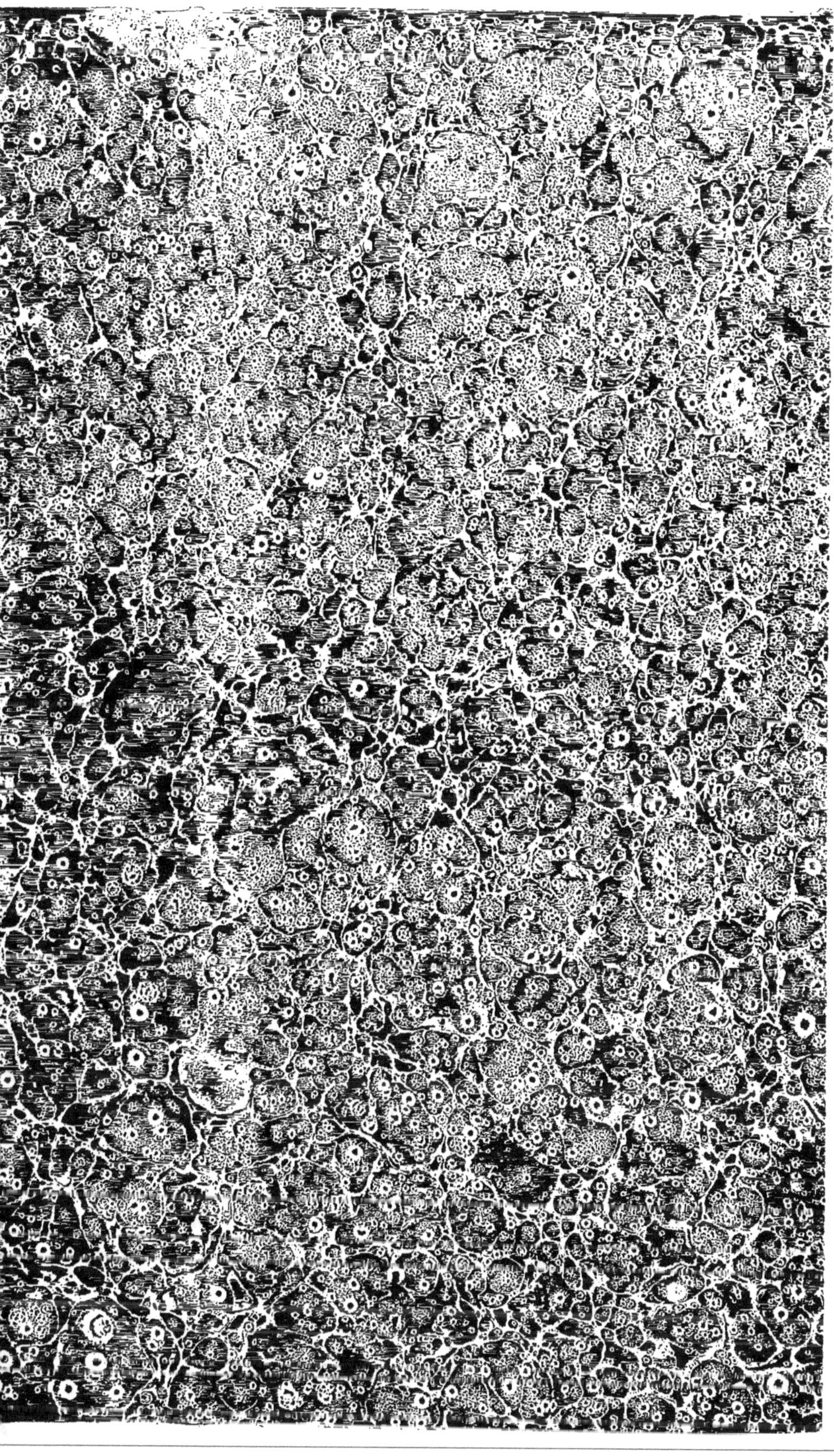

MUSÉE

DES

MONUMENS FRANÇAIS.

TOME QUATRIÈME.

1542
LE CARD.
D'AMBOISE
LE ROI
LOUIS XII.
SEIZIEME SIECLE.
Seconde Partie
TOME IV.

Percier.

MUSÉE

DES

MONUMENS FRANÇAIS,

O U

DESCRIPTION

HISTORIQUE et chronologique des Statues en marbre et en bronze, Bas-reliefs et Tombeaux des Hommes et des Femmes célèbres, pour servir à l'Histoire de France et à celle de l'Art ;

ORNÉE DE GRAVURES ;

ET augmentée d'une Dissertation sur les Costumes de chaque siècle ;

PAR ALEXANDRE LENOIR,

ADMINISTRATEUR DU MUSÉE.

— · —

A PARIS,

Chez l'AUTEUR, au Musée des Petits-Augustins ;

Et Laurent GUYOT, Graveur, rue des Mathurins S. Jacques, hôtel de Cluny, n°. 334.

DE L'IMPRIMERIE D'HACQUART, rue Gît-le-Cœur, n°. 16.

AN XIII. — 1805.

INTRODUCTION.

MALGRÉ les troubles civils qui désolèrent
la France sous les règnes orageux de Henri II
et des rois ses fils, les artistes furent distingués
des hommes ordinaires [1], et les arts dépendans
du dessin conservèrent la prépondérance qu'ils
avoient reçue de François Ier. Henri II et Catherine de Médicis firent construire des palais,
des portiques, des arcs de triomphe, et des
monumens publics dont la magnificence de
l'architecture annonçoit la grandeur et la majesté. Là, les merveilles du dedans disputent
la prééminence à celles de l'extérieur; le marbre et la pierre respirent sous la main du cé-
lébre Jean Goujon; les murailles, la toile et
le verre s'embellissent sous les pinceaux des

---

[1] Charles IX fit cacher dans son palais (le Louvre)
Ambroise Paré, chirurgien célèbre, et Bernard Palissy,
savant physicien, tous deux protestans, pour les soustraire aux massacres de la Saint-Barthelemy. Brantôme
ajoute que le roi, en conduisant Ambroise Paré dans son
propre cabinet, dit *qu'il n'étoit pas raisonnable qu'un
qui pouvoit servir à tout un petit monde, fût ainsi
massacré.*

peintres du seizième siecle. L'un, par l'étude de l'anatomie et par une savante application dans le choix qu'il fait des formes humaines, donne la vie à ses sujets ; l'autre, à l'aide des couleurs qu'il emploie , par une parfaite connoissance de la perspective , représente des galeries magnifiques , des jardins immenses : tout est magique ; l'illusion frappe le spectateur, et son œil est trompé par la simple combinaison des lignes et par des effets de lumières bien sentis. Les peintures de Fréminet séduisent par la douceur de son pinceau et la richesse de sa couleur ; sa main puissante, comme sa pensée, possède bien l'art de nuancer les tons, suivant les faits qu'elle veut tracer [1]. Le savant Jean Cousin , fidèle observateur des préceptes de Léonard de Vinci , soumet les proportions du corps humain à des règles géométriques ;

[1] Martin Freminet , peintre célèbre , né à Paris en 1567 , y mourut en 1619. Il perfectionna son art en Italie , où il resta pendant quinze ans. Il étudia plus particuliérement Michel-Ange et Parmesan. A son retour en France , il peignit la chapelle de Fontainebleau. Son dessin est vigoureux , sa manière grande et savante. Ses connoissances dans l'anatomie , dans l'architecture et dans la perspective , lui donnèrent beaucoup d'avantage sur les autres peintres ses contemporains. Il reçut des mains du roi le cordon de Saint-Michel.

il colore le verre, le fond, le façonne, et, par un dessin sublime rehaussé de couleurs brillantes qu'il tire des métaux, rivalise les productions de Michel-Ange. [1] Le palais de Fontainebleau, le vieux Louvre et ce Musée, attesteront à la postérité que les François, encouragés par un grand prince, ont enfanté des chefs-d'œuvre de l'art. Les beaux-arts étoient tellement en faveur, que les maisons même des simples citoyens montroient dans leur intérieur les détails les mieux dessinés et de la plus riche ordonnance. Le célèbre Caumont de la Force avoit fait construire, à la Ferté-sous-Jouarre, une maison dans laquelle on admiroit l'alliance adroite et savante d'une architecture simple à l'extrême richesse des détails[2]. On vient de démolir, près Sceaux, un petit château dont les murs intérieurs

----

[1] *Voyez*, dans mon Traité historique de la Peinture sur verre, pages 21 jusqu'à 28, et 78 jusqu'à 82, la description des vitraux peints par Jean Cousin, peintre, sculpteur, graveur en médailles, anatomiste et géomètre.

[2] Cette belle maison, qui fut terminée peu de jours avant le massacre de la Saint-Barthelemy, vient d'être démolie. M. *Gueunepin*, élève de M. Peyre, architecte et membre de l'Institut national, en a fait un fort beau dessin qu'il a gravé lui-même.

étoient couverts des peintures les plus précieuses, par Jean Cousin et Fréminet. Les vitraux qui ornoient cette belle maison, ainsi que ceux de la chapelle, étoient de la première beauté. La gravure des bas-reliefs qui décorent le riche plafond du tombeau de François Ier, que nous donnons ici, sous le N°. 90, servent à prouver ce que nous avançons. Ces belles sculptures de Germain Pilon représentent les quatre évangélistes.

Voici l'épitaphe que Melin de Saint-Gelais[1], surnommé l'Ovide françois, fit pour le cœur de François Ier. *Voyez* la description de ce monument, tome 3, page 74 :

— Que tient enclos le marbre que je voi ?
— Le grand François, incomparable roi.
— Comme eut tel prince un si court monument ?
— De lui n'y a que le cœur seulement.
— Donc ici n'est pas tout ce grand vainqueur ?
— Il est tout, car il étoit tout cœur.

Henri II, naturellement bon, ne se posséda jamais lui-même ; entraîné aux plaisirs, autant par foiblesse que par un penchant qui lui étoit naturel, s'attacha particulièrement à la duchesse de Valentinois, plus connue sous le

---

[1] Melin de Saint-Gelais, poète latin et françois, né en 1491, mourut à Paris en 1558, aumônier et bibliothécaire du roi.

Bas relief du Tombeau de François Iᵉʳ

Bas relief du Tombeau de François Ier.

N.º 99

Lenoir del.   Guyot Sc.

Bas relief du Tombeau de François Iᵉʳ.

N.° 99

Lenoire del.

Guyot Sc.

Bas relief du Tombeau de François Ier

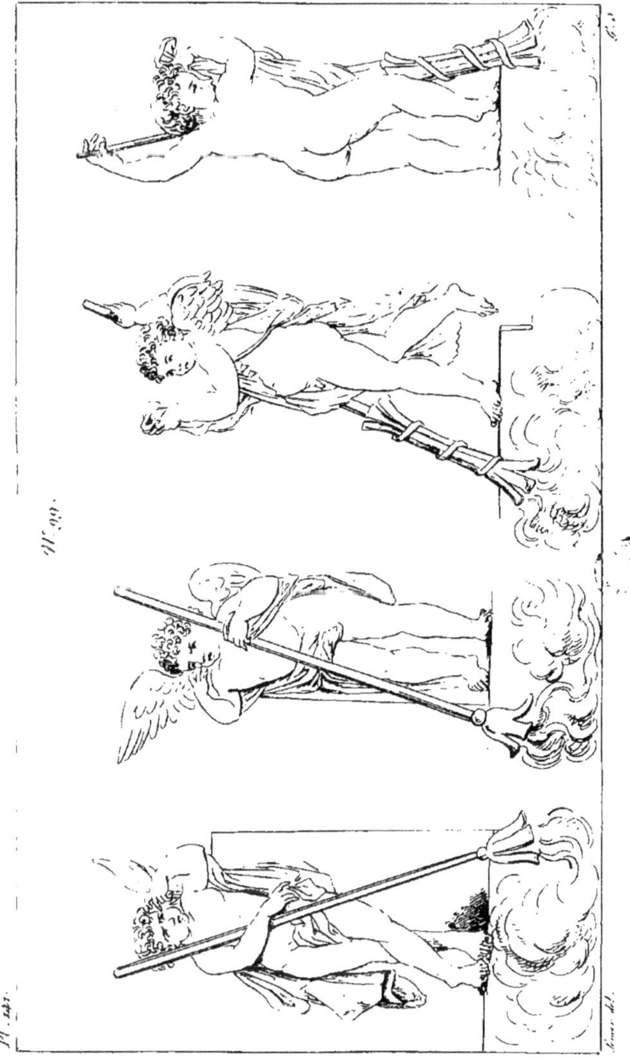

Bas reliefs du Tombeau de François Ier

nom de Diane de Poitiers. La beauté de cette femme, l'excellence de son esprit et la sagacité de son jugement l'avoient déjà rendu célèbre. En s'approchant du roi qui l'aimoit éperdument, elle devint son conseil particulier, et les affaires publiques, en très-peu de temps, se ressentirent de sa haute intelligence. *Le règne de Henri II, fut celui de Diane de Poitiers.* De ce moment, tous les yeux se tournèrent vers cette princesse; les courtisans fixés à la Cour, par sa grace, sa beauté, et plus encore par la tournure agréable de son esprit, sembloient envier le sort du roi. Chacun, attiré auprès d'elle par des manières nobles et décentes, briguoit l'honneur de lui servir d'écuyer. Les palais, les maisons particulières, les armures, les meubles, les ustensiles propres aux usages domestiques, les églises [1], furent ornés de chiffres amoureux, et retraçoient aux yeux des voyageurs les sentimens du roi pour une femme qui méritoit toute son affection. Le roi vouloit, dit Mézerai, qu'on vît partout,

---

[1] Le beau château d'Ecouen, bâti par Jean Bullan, les églises de Magny, de Gisors, de Nogent-sur-Seine, le Louvre, etc., etc., sont encore revêtus des caractères symboliques de la déesse de la chasse, et des chiffres enlassés de Diane de Poitiers et de Henri II.

dans les tournois, sur ses ameublemens, dans
ses devises, et même sur les frontispices de ses
bâtimens royaux , un croissant, des arcs et
des flèches qui étoient le symbole de Diane.
Les historiens s'accordent à dire que Diane
de Poitiers avoit reçu de la nature les charmes de la figure et ceux de l'esprit. Voici
une pièce de vers qu'elle fit pour Henri II ,
qui donne une idée de la tournure de son
esprit ; cette pièce agréable , qui n'a jamais été
imprimée, est extraite des manuscrits de la Bibliothèque impériale.

> Voicy vraisment, qu'Amour un beau matin,
> S'envint m'offrir flourette très gentille ,
> — Là , se prit-il , a ournez vostre teint
> Et vistement violiers et jonquille
> Me rejetoit, à tant, que ma mantille
> En étoit pleine et mon cœur se pasmoit ,
> (Car , voyez-vous, flourette si gentille
> Estoit garçon frais , dispos et jeunnet).
> Ains tremblottante et destournant les yeux....
> Nenni.... disois-je. — Ah ne serez déçue ,
> Reprit Amour , et soudain à ma vue
> Va présentant un laurier merveilleux.
> — Mieux vault, lui dis-je , estre sasge que royne.
> Ains me sentis et fraîmir et trembler ,
> Diane faillit , et comprendrez sans peine
> Duquel matin je praitends reparler.

Le roi voulut reconnoître une fille qu'il avoit

cue de cette princesse ; elle s'y opposa : « J'étois
» née, lui dit-elle, pour avoir des enfans légitimes
» de vous. J'ai été votre maîtresse parce que je
» vous aimois : je ne souffrirai pas qu'un arrêt
» me déclare votre concubine ». Diane avoit près
de soixante ans lorsque Henri II périt des suites
de la blessure qu'il reçut de Montgommery. Elle
avoit conservé toute sa fraîcheur ; son amabi-
lité charmoit encore le roi, et elle captivoit son
cœur ; ses graces et sa beauté furent à l'épreuve
du temps. Le roi étant à l'extrémité, les courtisans qu'elle avoit comblés de bienfaits l'aban-
donnèrent aussitôt, pour se réunir à la reine
dont le ressentiment n'avoit pu s'effacer. Ce fut
le moment qu'ils choisirent pour lui déchirer
le cœur de la manière la plus douloureuse.
A leurs instigations, Catherine de Médicis lui
envoya l'ordre de rendre les pierreries de la
couronne, de sortir du Louvre, et de se retirer
dans l'un de ses châteaux. *Le roi est-il mort ?*
demanda-t-elle à celui qui étoit chargé de cette
mission ; *non, Madame,* répondit-il, *mais
il ne passera pas la journée. Hé bien !* re-
pliqua-t-elle, *je n'ai donc point encore de
maître, et je veux que mes ennemis sachent
que, quand ce prince ne sera plus, je ne
les crains pas. Si j'ai le malheur de lui sur-
vivre trop longtemps, mon cœur sera trop oc-*

cupé de la douleur de sa perte , pour que je puisse être sensible aux chagrins qu'on voudra me donner. Dès que le roi fut expiré, elle se retira dans sa belle maison d'Anet [1], qu'il lui avoit fait construire par son architecte particulier , Philibert de Lorme. C'est une partie de ce beau palais que j'ai fait enlever et que j'ai restaurée dans la principale cour de ce Musée. On croit que Diane de Poitiers est la seule maîtresse des rois de France , en l'honneur de laquelle on ait fait frapper des médailles : on en connoît une sur laquelle cette princesse est représentée foulant aux pieds l'Amour, avec cette légende : *omnium victorem vici.* Diane de Poitiers se faisoit peindre souvent avec son amant. Ce Musée renferme un beau tableau en émail, en forme de médaillon, et de la fabrique de Limoges, où l'on voit Henri II et sa maîtresse montant le même cheval. Le roi à cheval, la tête de profil, est dans la posture que l'on a donnée à la figure équestre de Marc-Aurèle. Diane, vue de face, est assise auprès de lui, en croupe, et le serrant étroitement de ses jolis bras. L'auteur du

------

[1] Anet est un petit bourg distant de Paris de 19 lieues, situé aux bords de la rivière d'Eure , entre Dreux et Houdan.

Henri II et Diane de Poitiers
allant à la chasse

Tiré du Cabinet de Mr. le Chevalier Alexandre Lenoir.

tableau a fort ingénieusement représenté, au
dessous de la duchesse, trois colombes qui se
reposent dessus un petit arbuste. C'est la gravure de ce beau tableau que l'on voit ici, sous
le N°. 560. Une inscription manuscrite, en
style et en caractère du temps, placée derrière cette peinture, annonce qu'elle a été faite
d'après un dessin de Raphaël; mais cela ne se
peut, puisque ce grand dessinateur est mort en
1520, qu'il n'est jamais venu en France, que
le roi Henri II est né en 1528, et Diane en 1500.
Il est donc plus que probable que Primatice
en est l'auteur, puisque toutes les peintures
en émail, qui se fabriquoient à Limoges, s'exé-
cutoient sur ses dessins, et qu'il fut nommé
ordonnateur des bâtimens du roi, après la
mort de Philibert-de-Lorme. Quoi qu'il en soit,
voici l'inscription telle qu'elle est figurée : *Le
portrait au naturel, du dessin de Raphaël,
du roi de France Henri II, accompagné de
madame Diane de Saint-Vallier, duchesse
de Valentinois, allant à la chasse; fait en
l'an mil cinq cent quarante-sept.* Suivant
Saint-Foix, Catherine de Médicis est la première qui ait eu un carrosse. Les femmes alloient
en litière ou à cheval. Ces carrosses ressem-
bloient à des coches avec de grandes portières
de cuir que l'on abaissoit pour y entrer : on

n'y mettoit des rideaux que pour se préserver de la pluie ou du soleil. Bassompierre, sous Louis XIII, fut le premier qui fit mettre des glaces à sa voiture.

L'extrême jeunesse et l'état de langueur dans lequel vécut François II, qui succéda à son père, lui laissèrent à peine le temps de connoître les devoirs du trône. Son règne fut court, et Catherine de Médicis, sa mère, aussi habile dans l'art de feindre qu'elle étoit ambitieuse et déréglée dans ses mœurs [1], profitant de la foiblesse de son fils, se rendit bientôt maîtresse du gouvernement.

La malheureuse Marie Stuart, épouse de François II, cumula sur elle seule tous les malheurs à la fois. Reine d'Écosse, sans royaume, à peine jouit-elle des titres d'épouse et de reine de France. Après avoir jeté des fleurs sur la tombe de son époux qu'elle aimoit tendrement, et après lui avoir élevé le monument que j'ai décrit dans le troisième volume

---

[1] Que peut-on penser du festin que la reine donna à Chenonceaux, dit Sauval? Ce festin coûta près de cent mille francs. Ces plus belles femmes de la Cour, les cheveux épars, servirent toutes nues. Henri III viola, en présence de la compagnie, une jeune princesse promise à un grand prince.

de cet ouvrage, page 89 , *voyez* l'inscription dont il est chargé, elle se retira en Écosse , encore couverte du voile de veuve. Belle , noble dans ses manières, spirituelle , aimant les lettres, et les cultivant avec succès , Marie Stuart avoit fixé sur elle tous les regards des François ; elle aimoit la France , à son départ, elle témoigna ses regrets d'une manière touchante par les vers suivans qu'elle adressa à la nation entière :

ADIEUX DE MARIE STUARD A LA FRANCE.

Adieu plaisant pays de France ,
O ma patrie
La plus chérie [1] !
Qui a nourri ma jeune existence ;
Adieu France , adieu nos beaux jours :
La nef qui déjoint nos amours
N'a eu de moi que la moitié.
Une part te reste , elle est tienne.
Je la fie à ton amitié,
Pour que de l'autre il te souvienne.

---

[1] Marie Stuart étoit fille de Jacques V , roi d'Ecosse , et de Marie de Lorraine ; née en 1542 , elle hérita du trône de son père, huit jours après sa mort. Henri VIII, roi d'Angleterre, voulut la marier avec son fils Edouard, afin de réunir les deux royaumes ; mais ce mariage n'ayant pas eu lieu, elle épousa , en 1558 , François Dauphin , fils de Henri II.

Cette femme illustre, cédant aux rigueurs d'une femme ambitieuse et cruelle, monta sur un échafaud, avec la dignité et la noblesse que lui commandoient son rang et la religion, le 18 février 1587, à l'âge de quarante-quatre ans.

François II étant mort, Catherine de Médicis ne perdit pas de vue l'espoir qu'elle nourissoit depuis longtemps, de faire monter sur le trône le Duc d'Anjou, son troisième fils, qu'elle voyoit avec plus de complaisance que ses autres enfans, et avec lequel elle fut soupçonnée d'avoir des liaisons criminelles. Cédant au plus fort, toujours en se ménageant des amis dans un parti contraire au sien, elle se lia aux Guises qui s'emparèrent totalement du gouvernement, après avoir divisé la Cour par toutes sortes de manœuvres. La religion fut l'échafaud sur lequel on donna en spectacle, à toute la France, les scènes les plus sanglantes. Le cardinal de Lorraine [2] tenoit dans ses mains la toute puissance, et l'on vit bientôt des arrêts de proscription et de mort frapper les chrétiens *protestans.* Ce prêtre cruel, despote, fanatique, *ennemi de Dieu et des hommes,* fit

---

[2] François II, dans l'espace très-court de son règne, fut gouverné uniquement par le duc de Guise et son frère le cardinal de Lorraine.

planter une potence à la porte du Louvre, et fit
publier un édit qui ordonnoit que tous ceux
qui se rendroient à la Cour pour solliciter, ou
paiement ou *récompense*, eussent à se retirer
dans les vingt-quatre heures, sous peine de
mort. Cependant, le prince de Condé, poussé
à la vengeance par les supplices qui s'exerçoient
journellement contre les protestans, prit parti
pour eux, et se joignit au roi de Navarre et au
connétable de Montmorency, qui, par haine
pour les Guises, les servit malgré son extrême
dévouement à l'église romaine. Ce cardinal
inhumain, je l'ai vu exhumer en 1793, dans
l'abbaye St-Victor, où il reposoit depuis deux
cents ans. Sa peau desséchée et collée sur
les os, présentoit l'image du crime; la disso-
lution n'avoit point altéré sestraits. Ses pommettes étoient saillantes, le sang des protestans
animoit encore ses lèvres : il avoit les cheveux
et la barbe rousse. Le cardinal de Richelieu,
que j'ai vu retirer de sa tombe, à la même
époque, offrit aussi aux regards des curieux
l'ensemble d'une momie sèche et conservée :
ses formes extérieures portoient les mêmes
caractères ; une couleur livide étoit répandue
sur sa peau; il avoit les pommettes élevées,
les lèvres minces et le poil roux, etc. Un des
suppôts du gouvernement de 1793, croyant

dans sa fureur révolutionnaire , venger les victimes de ce ministre criminel, coupa la tête du squelette de Richelieu , et la montra aux spectateurs qui se trouvoient alors dans l'église de la Sorbonne.

Le règne de Charles IX ne fut pas plus heureux ; les dissentions politiques alloient en croissant. Le colloque de Poissy, convoqué en 1561 , au lieu de concilier les esprits , ne fit que les aigrir, et le sang des François commença à couler dans tous les coins de la France [1].

Les massacres de Vassi et de Tours furent les premiers essais de la grande catastrophe que Médicis réservoit aux protestans. Enfin , le 24 août 1572 , jour de St.-Barthelemy , le signal de la mort fut donné, à minuit , dans l'église St.-Germain-l'Auxerrois , et tous les *chrétiens protestans* furent égorgés , au nom de Dieu , du roi et de Médicis, par des *chrétiens* d'une

---

[1] Le chancelier de l'Hôpital défendit la cause des protestans au colloque de Poissy , en 1561 , et l'année suivante , à l'assemblée de Saint-Germain-en-Laye. Le discours qu'il prononça au colloque de Poissy , fut censuré par la Sorbonne. Cette chaleur qu'il mit à défendre un tiers des François , fut attribuée par la multitude à son penchant pour les opinions nouvelles : de là le proverbe populaire, *gardons-nous de la messe du chancelier* (Chénier , notes sur Charles IX).

communion différente. Le cœur sanglant de l'amiral de Coligny fut présenté à la reine-mère, qui, le lendemain, accompagnée de ses fils et de sa Cour, se rendit aux fourches patibulaires de Montfaucon, pour y contempler à loisir le corps de l'amiral, qu'elle y avoit fait pendre par les pieds. C'est dans la rue Bétizy, dit St-Foix, la deuxième maison à gauche, en entrant par la rue de la Monnoie, et où est à présent une messagerie (*aujourd'hui une plomberie*), que l'amiral de Coligny fut assassiné, la nuit de la St.-Barthelemi, 1572. Le massacre ne devoit commencer qu'une heure avant le jour, aux premiers coups du tocsin de l'horloge du palais. Catherine de Médicis, vers minuit, croyant remarquer dans le roi, des remords et de l'irrésolution, craignant qu'il ne vînt à changer de sentiment, fit avancer le signal, et sonner à Saint-Germain l'Auxerrois. Lors de la destruction des cloches dans toute la France, celle qui servit à donner ce signal de mort fut réservée et employée à la fabrication d'un grand médaillon dont le coin a été fait par M. Andrieux, qui depuis a montré un grand talent dans plusieurs médailles gravées en l'honneur du premier Consul, et notamment dans celle où l'on voit l'effigie de Bonaparte, et au dessous la célèbre bataille de

Maringo, remportée le 25 prairial an 8 (1800 vieux style). Ce grand médaillon représente , d'un côté, la prise de la bastille, et de l'autre, la journée du 8 octobre 1789, on y voit l'arrivée de Louis XVI à Paris [1].

Le duc de Guise, continue Saint-Foix, bien escorté, marche et frappe à la porte de l'Amiral : la *bonne ouvre* ; on le poignarde : *Charles-Dianowitz* , dit le *Besme* , parce qu'il étoit de Bohême , *Petrucci* , Lionnois , *Cosseins* et *Sar-labous* , montent et trouvent l'amiral assis dans un fauteuil , et qui s'étoit éveillé au premier bruit : *Jeune homme* , dit-il à le Besme , *tu de-vrois respecter mes cheveux blancs ; mais fais ce que tu voudras, tu ne peux m'abréger la vie que de peu de jours.* Il étoit malade, blessé à la main droite et au bras gauche, d'un coup d'arquebuse que Maurevert, caché dans une maison du cloître de St.-Germain l'Auxer-rois, lui avoit tiré quelques jours auparavant, lorsqu'il revenoit du Louvre, à pied. Les inquiétudes du cabinet, jointes aux fatigues de la guerre, l'avoient plus vieilli que les an-

----

[1] Cette médaille précieuse a été frappée à grand nombre , elle fut distribuée à toutes les autorités , ainsi qu'aux députés de l'Assemblée nationale, comme un monument mémorable.

nées : il n'avoit que cinquante-cinq ans. Le Besme et Petrucci, après l'avoir percé de plusieurs coups, le jetèrent par la fenêtre dans la cour, où le duc de Guise, pour le reconnoître, essuya avec son mouchoir le sang qui lui couloit du visage, et, l'ayant foulé aux pieds, *c'est bien commencé*, dit-il à sa troupe, *allons continuer notre besongne*). Le cardinal de Lorraine, pour récompenser Le Besme, le maria à une de ses bâtardes. On lit dans Mézerai, qu'un soldat de cette troupe d'assassins coupa la tête de l'Amiral, et la porta à Catherine de Médicis, qui la fit embaumer et l'envoya à Rome. Le Pape ordonna une procession solemnelle en action de graces de l'heureuse journée de la Saint-Bartelemy. Charles IX avoit envoyé des ordres dans toutes les provinces, pour exterminer les protestans ; tandis que les gouvernemens étoient assez féroces ou assez lâches pour obéir, le vicomte d'Orte, qui commandoit à Bayonne, lui écrivit : « *Sire, j'ai communiqué la lettre* » *de votre Majesté, à la garnison et aux ha-* » *bitans de cette ville ; je n'y ai trouvé que de* » *braves soldats, de bons citoyens, et pas un* » *bourreau* ». Les peuples de Lyon et de Bordeaux, suivant Voltaire, furent ceux qui imitèrent avec le plus de barbarie la fureur des

Parisiens. Un *jésuite* nommé *Edmont Ogier*, excitoit le peuple de Bordeaux au carnage, un crucifix à la main. Il mena lui-même les assassins chez Guilloche et Sévin, tous deux conseillers au Parlement, dont il croyoit avoir à se plaindre, et qu'il fit égorger sous ses yeux.

Charles IX, le Néron de la France, fit frapper une médaille à l'occasion de la Saint-Barthelemy : c'est la gravure de cette médaille devenue extrêmement rare, que je publie ici sous le n°. 561. D'un côté on voit ce monstre revêtu de ses habits royaux, assis sur son trône, tenant de la main droite une palme, une épée, et de la gauche, la main de justice, en forme de sceptre; il foule aux pieds les victimes de sa scélératesse. On y voit aussi plusieurs têtes tranchées parmi lesquelles on remarque celle de l'Amiral : et cette légende, *Virtus in rebelles*. Au revers sont les armes de France groupées de deux colonnes triomphales couronnées de laurier. Dans le piédestal d'une des colonnes, est un livre ouvert et cette légende : *Pietas excitavit justitiam*, et au dessus, 24 *Augusti* 1572. « Le Cardinal de Lorraine étoit alors à Rome. La Cour lui dépêcha un gentilhomme pour lui porter la nouvelle du succès de la Saint-Barthelemy. Le Cardinal lui fit présent sur le champ

Médailles frappées à la St. Barthelemy.

Par ordre de Charles IX.

de mille écus d'or. Le pape Grégoire XIII [1]
fit incontinent tirer le canon du château Saint-
Ange, ce qui ne se fait ordinairement que
dans les grandes fêtes ; on alluma le soir des feux
de joie dans toute la ville. Le lendemain le Pape
accompagné de tous les cardinaux alla rendre
grace à Dieu dans l'église Saint-Marc et dans
celle de Saint-Louis ; il y marcha à pied en
procession ; l'embassadeur de l'empereur lui
porta la queue. Le Cardinal de Lorraine dit la
messe ; on frappa des médailles sur cet événe-
ment ; on fit faire un grand tableau dans lequel
les massacres de la Saint-Barthelemy étoient
peints. On lit encore aujourd'hui , dans une
banderole, au haut du tableau , ces mots ;
Pontifex Colignii necem probat » (Voltaire ,
Histoire du Parlement de Paris). Cependant
les restes de Coligny furent recueillis et conservés par ses serviteurs, qui les déposèrent,
après les avoir enfermés dans une caisse de
plomb ; dans les caves du château de Chatil-

---

[1] En 1572, le cardinal Hugues Buoncompagno succéda à Pie V , sous le nom de Grégoire XIII. Ce Pape
fanatique dépensa des sommes considérables pour entretenir, tant en France qu'en Allemagne , une guerre de
religion contre les protestans , dont il avoit juré la
perte.

lon, ancienne demeure de l'Amiral. Ils restèrent là dans l'oubli, sans autre ornement que le souvenir de ce grand homme, jusqu'au 18 août 1786, époque à laquelle M. de Montesquiou les obtint de M. le duc de Luxembourg seigneur de Chatillon, et les fit transporter à Maupertuis, et déposer dans un sarcophage de marbre noir , élevé dans une Chapelle sépulcrale de forme antique , taillée en grès, qu'il avoit fait construire exprès dans son parc, au bord d'une petite rivière. Des inscriptions retraçoient aux voyageurs les hauts faits et les malheurs de celui quelle renfermoit. C'est ainsi que nous furent conservées les dépouilles mortelles du grand Coligny. Pendant le cours de la révolution , M. de Montesquiou mourut ; et cette belle terre , le château , même le tombeau de l'Amiral , passèrent dans les mains de plusieurs acquéreurs , peu faits pour apprécier les monumens des arts , et trop avides calculateurs pour conserver le château et la terre de Maupertuis: tout fut démoli et vendu. Prévenu de ce qui se passoit , je conçus le projet de sauver de cette destruction la Chapelle sépulcrale de Coligny, et je m'occupai de suite des moyens de la faire transporter à Paris, et de la réédifier dans le jardin Elysée du Musée des monumens français. Que de souvenirs amers et délicieux la vue de ce monument ne fera-t-elle pas naître à la fois dans le cœur de l'homme vertueux ! que de réflexions sublimes pour le philosophe !

Cette espèce de temple consacré par un sentiment respectable, sera sans doute distingué des autres monumens de son siècle ; car nous ne possédons point en France de Chapelle sépulcrale de la forme de celle des anciens, dans laquelle on peut s'introduire pour admirer le monument qu'elle renferme et s'attendrir sur les restes de celui qu'elle conserve. Ce beau monument unique sera notamment remarqué parmi les mausolées de Catherine de Médicis, de Charles IX, du Chancelier Birague et celui d'Albert de Gondi, tous instigateurs de la Saint Barthelemi, dont j'ai eu occasion de parler dans le cours de cet ouvrage, et également conservés dans ce Musée. Le cris de ces assassins politiques, étoit ceci... *Qu'on n'épargne personne. C'est Dieu, c'est Médicis, c'est le Roi qui l'ordonne.* Voici comme Voltaire en parle dans sa Henriade :

Nevers, Gondi, Tavanne, un poignard à la main,
Echauffoient les transports de leur zèle inhumain,
Et portant devant eux la liste de leurs crimes,
Les conduisoient au meurtre et marquoient les victimes.

N°. 561.

Description de la Chambre sépulcrale et du Tombeau de Gaspard de Coligny, Amiral de France.

L'extérieur du monument est simple, construit en grès et en pierre de meulière. La forme, ainsi qu'on peut en juger par la gravure, est celle que les anciens avoient le plus communément adoptée pour ces sortes de monumens. Sur une des faces de la Chapelle l'inscription suivante est gravée sur une table de grès, en grands caractères.

Ici reposent, et sont honorés enfin, après plus de deux siècles, les restes de Gaspard de Coligni, Amiral de France, tué à la Saint-Barthelemy, le XXIV août M. D. LXXII.

Une simple porte de bois de chêne, chargée de ses gonds et de sa serrure, fermoit l'entrée de la Chapelle : des ifs, des cyprès et des sapins formoient tout l'ornement de ce sanctuaire consacré à la vertu. Nous observerons donc aux amateurs des arts que ce monument, rétabli dans notre Musée, sera le seul à Paris de cette nature et de ce caractère. La description et le dessin du monument

Vue de la Chapelle Sépulchrale
de Gaspard de Coligni Amiral de France.

de Coligny, que nous avons faits à Maupertuis, sont ici conservés dans leur intégrité.

L'intérieur est entièrement plaqué en marbre
brun et gris de Flandre, des panneaux saillans
de bleu turquin, chargés d'inscriptions, relèvent
cette décoration modeste : le plafond en pierre
est divisé par panneaux, orné d'arabesques d'un
très-beau travail. A droite est placé le sarcophage de marbre noir dont j'ai parlé plus haut.
Il est remarquable par sa noble simplicité; des
pattes de lion de la même matière le supportent
et il est couronné par une urne aussi de marbre
noir, au dessus de laquelle on lisoit l'inscription
suivante gravée sur une plaque de cuivre.
Cette plaque a été arrachée du tombeau et
enlevée.

*Magni illius Franciæ Admiralis Gasparis à Coliniaco,
hujusce loci domini ossa, in spem resurrectionis, hic sunt
deposita; anima autem apud Deum, pro quo constantis-
sime pugnavit, recepta est.*

On peut juger de la forme de ce sarcophage
d'après la gravure qui accompagne la vue générale du monument. Sur les panneaux de
bleu turquin, qui ornent l'intérieur de la
Chapelle, on lit plusieurs couplets de la Henriade de Voltaire, sur la mort de Coligny; le
premier commence par ces vers :

Le héros malheureux, sans armes, sans défense,
Voyant qu'il faut périr, et périr sans vengeance,
Voulot mourir du moins comme il avoit vécu,
Avec toute sa gloire et toute sa vertu.

Le morceau suivant termine les inscriptions de ce monument :

Et l'on porta sa tête aux pieds de Médicis :
Conquête digne d'elle et digne de son fils.

Le lieu où l'on avoit placé le monument, lui convenoit parfaitement ; il étoit posé sur une pelouse élevée, et aux bords d'une rivière qui serpente à travers une vaste prairie, légérement ombragée d'arbres et de saules pleureurs. Près du tombeau on voyoit une pyramide immense construite en pierre de meulière, et parfaitement semblable à celles des Egyptiens (cette pyramide n'a aucun rapport avec le monument). Son entrée est fermée par un portique sévère orné de quatre colonnes d'ordre dorique, sans base, appelé aussi *Pæstum*, construite en grès : des arbres majestueux couvrent la côte qui s'élève au dessus des deux monumens.

De l'autre côté de la rive, on voit une petite ferme et un moulin que l'eau fait tourner, et qui sert d'habitation à un meûnier et à sa famille. Les quadrupèdes qui paissent dans la prairie qui entoure le moulin, les cygnes et les cannetons qui se promènent sur les eaux, offrent

le spectacle le plus riant, animent le paysage, et
contrastent parfaitement avec la gravité et la sévérité que présente le petit côteau, où se trou-
voit le tombeau de l'Amiral. La tombe de ce
grand homme fut violée vers la fin de fruc-
tidor de l'an 5, ce qui donna lieu d'écrire
le morceau énergique que l'on va lire, et que
nous rapportons, pour ne rien laisser à desirer
sur ce qui est relatif à la mémoire de Coligny.

*Apud me antiquorum auctoritas valet, vel nostro-
rum majorum, qui mortuis tam religiosa jura tribue-
runt : quod non fecissent profectò, si nihil ad eos
pertinere arbitrarentur* (Cicéron).

Que la France, que la terre entière ap-
prenne qu'il vient de se commettre le crime le
plus inoui, *la violation des tombeaux*. On vient,
et le coupable est encore inconnu, on vient de
profaner le sépulcre et de troubler la cendre
du trop malheureusement célèbre Amiral Coligny. Echappés pendant deux cents années aux
mains ensanglantées du fanatisme, à celles de
l'ignorance et des inquisiteurs, respectés par
les dévastateurs de la France ; enfin, après
deux siècles, les restes de ce grand homme
gissoient en paix à l'ombre des peupliers de
Maupertuis, dans un site qui joignoit aux
charmes de la nature, ceux que les arts conso-
lateurs s'étoient empressés d'y réunir. Là,

l'homme vertueux ou sensible, le philosophe, le guerrier, l'homme d'État, donnoient des larmes à sa mémoire, répandoient des fleurs sur sa tombe, récitoient pompeusement les vers que Voltaire fit en son honneur, et qu'on y avoit gravés sur le marbre; là, l'homme le plus indifférent soupiroit, et payoit à son ombre, malgré soi, l'hommage qui lui étoit dû.

Chez tous les peuples, dans tous les temps, le respect pour les morts fut une vertu, et la violation des tombeaux, un crime que les lois et, à leur défaut, la religion ne laissoient jamais impuni. Si les anciens plaçoient dans les enfers les hommes morts sans sépulture, de quelle manière rigoureuse, avec quelle sévérité auroient-ils donc puni le monstre pour lequel l'asyle de la mort cesse d'être sacré? De quelle peine doit-on punir le brigand déhonté, qui, en France, à la fin du XVIIIme. siècle, au milieu du triomphe de la philosophie, a osé agiter l'urne cinéraire de Coligny, violer ses restes religieusement ramassés par la piété, précieusement conservés par le respect et la vertu? Sera-ce de l'infamie? Oui, car seule elle peut égaler l'énormité de ce crime, que ni le dévastateur Cambyse, ni le farouche Omar, n'osèrent commettre, même au milieu de leurs conquêtes. Eh bien! insolent spoliateur, qui

que tu sois, j'appelle sur ta tête l'infamie de
toute la terre, celle de tous les siècles, je dé-
voue ton ame aux furies.

Mânes errans et plaintifs d'un homme vertueux, restes sanglans de Coligny, n'êtes-vous
donc pas indignés d'avoir pour séjour le fond
d'une caverne, et d'être entourés de brigands?
Hélas ! vous n'avez donc plus d'asyle. Quoi !
des mains sacriléges vous profanent, l'œil im-
prudent d'un criminel promène sur vous son
regard insolent, et vous ne vous agitez pas?
Ombre respectée, chère aux cœurs bien nés,
lève-toi, arme-toi du fouet vengeur des Eu-
ménides, et punis ce sacrilége. Hommes de
toute la terre, qui que vous soyez , quels que
soit votre religion, vos opinions, vos usages ou
vos coutumes, si le respect pour les morts fait
partie de vos mœurs, si la violation des tombeaux est un crime à vos yeux et aux yeux des
lois qui vous gouvernent, punissez sans misé-
ricorde quiconque vous dira : Je possède les
restes de l'Amiral Coligny ; marquez le front de
cet homme du sceau de la réprobation , il n'est
qu'un lâche voleur.

« O vous! qu'on peut appeler les bouches de la
renommée , journalistes de tous les pays, pu-
bliez ma plainte, sa cause mérite de trouver des
défenseurs partout ; l'asyle de Coligny réclame

ses dépouilles ». M. Maron, prêtre du Saint-Evangile, chef du Consistoire du département de la Seine, me fit l'honneur de m'adresser cette pièce de vers, lorsqu'il apprit que j'avois sauvé de la destruction le monument de Coligny.

ALEXANDRO LENOIR

DISPERSIS HEROIS COLINÆI CINERIBUS,

Instaurato monumento, parentare

Meditanti.

Queis fuerant vicibus tua vivi obnoxia fata,
In tumulo similes te, Colinœe, premunt.
Conderis ignoto trucidatus, magne, sepulchro,
Et sine honore cinis, per duo sœcla, lates.
Surgunt digna tibi tandem monumenta; nec illis
Contingit longo tempore tuta quies.
An dolus? an virtus funebrem surripit urnam?
O! maneat probris inviolata novis!
Te placidis nigri vult reddere cura viretis,
Ut que decet, manes sancta piare tuos.
Fac rata vota viri, cui tot rapuisse tropœa
Gratatur turpi Gallia barbariœ!

P. H. MARON.

N°. 561.

La gravure suivante est une copie exacte du beau portrait de l'Amiral, peint sur bois par Janet [1], que possède l'amateur distingué M. Van-Hoorn, riche Hollandais, qui a choisi Paris pour séjour habituel, et qui ne cesse d'occuper nos artistes à l'embellissement de la riche collection qu'il possède.

M. Van-Hoorn, du côté des femmes, descend de l'antique famille de Solemmes : on lit sur cette famille, dans un ancien manuscrit conservé à la Bibliothèque Impériale, ce qui suit : « Solemmes (en latin *Soli-Mansum et Solisniæ*, jadis ville très-célèbre en Cambresis, assise sur la Save, de laquelle on rapporte qu'ès premiers siècles elle avoit un temple dédié au Soleil, et où l'on ne voit plus que les mazures de plusieurs tours, bâtimens et lieux souterrains qui portent encore les marques de quelques antiquités romaines), a donné le nom à une très-noble famille, connue dès l'an 1096 en la personne de *Hugues de Solemmes*, qui comparut entre les chevaliers du Cambrésis en tournois d'Anchin; de lui sont descendus deux branches, dont l'une a fourni des baillifs de

----

[1] François Clouet, dit Janet, peintre français, florissoit sous les règnes de François II, Charles IX et Henri III. Il excelloit particuliérement à peindre lo portrait à l'huile et en petit format. Ronsard a fait l'éloge de Janet dans ses poésies. On ignore l'époque de sa naissance.

Cambresis et de Valenciennes dès l'an 1161, qui portoient de sable à trois croissans d'or, et autres chevaliers et écuyers qui ont pris alliance avec les familles de Saint-Pithou, de Forest, de Boarnel et autres. On lit également dans un inventaire chronologique des titres de la Flandre, daté de 706 ; chambre des comptes à Lille, que l'antique famille des Solemmes est relevée comme fief de l'abbaye de Saint-Denis, suivant une donation de Childebert III. Voici ce que le titre porte : « Donation par le roi Childebert III, à l'abbaye de Saint-Denis en France, de *Villam de Solemmes*, dédiée à Saint-Martin, dans le quartier de Saint-Amars, près de Valenciennes, sur le fleuve de *Save*, avec tout ce qui y appartient, dont *Maldagis* son chef étoit gardien ». On lit, derrière le portrait de Coligny, le plus beau tableau connu de la main de Jannet, un petit abrégé de la vie de l'Amiral, écrit à la main et en vieux caractère ; le voici :

« Gaspard de Coligny, seigneur de Chatillon, Amiral de France, troisième fils du Maréchal de Coligny et de Louise de Montmorency, naquit le 16 février 1516, et fut un des plus grands capitaines de son temps. Après la mort de Henri II, il embrassa le calvinisme ; il devint le chef du parti Huguenot, et se déclara contre

la maison de Guise : il commandoit l'armée cal-
viniste à la bataille de Saint-Denis, le 10 novembre 1567 ; à celle de Jarnac, le 13 mars 1569 ;
à celle de Montcontour, le 3 octobre 1569, au
siége de Poitiers. Pendant ces troubles il fut
proscrit par un arrêt du Parlement, qui lui ôta
sa charge d'Amiral ; mais, après la paix de 1571,
Charles IX lui rendit sa charge et sa place au
Conseil, et lui donna cent mille francs pour le
dédommager de ses pertes pendant la guerre.
Il se retira, en 1572, à sa maison de Chatillon
sur Loing, d'où il fut rappelé à la Cour pour les
noces de Henri, roi de Navarre, et de Marguerite de Valois, qui se firent le 18 août. Un
vendredi au soir, 22 août, revenant du Louvre, il
fut blessé dangereusement d'un coup d'arquebuse qu'on lui tira d'une fenêtre. Charles IX
fit semblant d'en être fâché, et même l'alla
voir avec sa mère et ses frères ; mais, malgré ses
feintes caresses, il fut massacré à Paris dans sa
maison rue Bétizy, le dimanche suivant 24 août
1572, jour de la Saint-Barthelemy, à l'âge de
56 ans 6 mois et 8 jours. Son corps fut jeté par
la fenêtre, exposé durant trois jours à la fureur
du peuple, traîné dans les rues, et enfin pendu
au gibet de Montfaucon, d'où Montmorenci,
son cousin, le fit retirer et enterrer secrètement :

» Il avoit épousé , en 1547, Charlotte de Laval, dont il eut quatre enfans, François de Coligny, né en 1557, mort en 1591. Charles de Coligny, né en 1564, mort en 1632. Louise de Coligny, princesse d'Orange, et Renée de Coligny, morte sans alliance. Etant veuf il se remaria avec Jacqueline de Savoye , dont il eut une fille posthume, nommée Beatrix de Coligny , mariée le 30 novembre 1600, à Claude Antoine Bon, baron de Montauban. L'amour de cette seconde femme n'eut point d'autre cause que la grande réputation de l'Amiral, qu'elle aimoit passionnément sans l'avoir jamais vu , et qu'elle préféra à tout autre parti ».

Le grand Coligny osa le premier tenter , au nom de la France , la fondation d'une colonie dans l'Amérique septentrionale. Voici ce que dit l'abbé Raynal à ce sujet : « La France laissa donc les Espagnols et les Portugais découvrir des mondes et donner des lois à des nations inconnues. Un seul homme lui ouvrit enfin les yeux. Ce fut l'Amiral de Coligny, un des génies les plus étendus, les plus fermes , les plus actifs qui aient jamais illustré ce puissant empire. Ce grand politique , citoyen jusque dans les horreurs des guerres civiles , envoya , l'an 1562, Jean Ribaud dans la Floride. Cette immense contrée de l'Amérique

septentrionale , s'étendoit alors , depuis le
Mexique , jusqu'au pays que les Anglais ont
depuis cultivé sous le nom de Caroline. Les
troubles de l'Etat et les querelles absurdes de la
théologie , qui armèrent les citoyens contre les
citoyens, les chrétiens contre les chrétiens, éloi-
gnèrent les suites d'une si belle entreprise et ce
ne fut que sous le règne de Henri IV que l'on
songea sérieusement à profiter du grand projet
de Coligny.

Le criminel Charles IX termina sa carrière
environ deux ans après la Saint Barthelemy
laissant à la postérité l'affreux tableau de ses
crimes et son nom en horreur. Les chroniques
du temps semblent accuser les Gondis de l'avoir
empoisonné; elles ajoutent que ce prince , déjà
frappé à mort par le poison , mourut d'un excès
qu'il fit avec sa maîtresse dans le Château de
Vincennes. Il est presque prouvé qu'il y avoit
dans le Louvre une petite pharmacie garnie de
poisons de tous genres à l'usage des personnes
dont la reine vouloit se défaire. « Charles IX
dévoré de remords et d'inquiétudes tomba dans
une maladie mortelle. Son sang s'alluma et se
corrompit, il lui sortoit quelquefois par les pores.
Le sommeil le fuyoit , et , quand il goûtoit un
moment de repos, il croyoit voir les spectres de
ses sujets égorgés par ses ordres ; il se réveilloit

poussant des cris affreux ; tout trempé de son propre sang, effrayé de celui qu'il avoit répandu, n'ayant pour consolation que sa nourrice et lui disant avec des sanglots : ah ! ma nourrice, que de sang ! que de meurtres ! Qu'ai-je fait ? je suis perdu » (Voltaire, Histoire du parlement de Paris). Cette mort prématurée, en plaçant Henri III sur le trône, sembloit combler les vœux de Médicis ; mais les factions, au lieu de s'éteindre, se rallumèrent et se multiplièrent sous toutes les formes. Ce roi lâche et efféminé, couvert du manteau de la religion, se livroit à toutes sortes de débauches ; le jouet de ses courtisans et de ses vils flatteurs, il ruinoit l'Etat par des dépenses extravagantes. Après avoir embrassé tour à tour tous les partis dont il étoit dupe, il institua, en 1578, l'ordre du Saint-Esprit, dans l'espérance de se faire de nouveaux partisans.

Cependant la reine mère qui avoit eu l'art de gouverner en semant adroitement la discorde et en laissant jouir les rois ses fils dans une oisive mollesse, ne perdit point de vue les beaux arts dans lesquels elle fut initiée dès le berceau. Née à Florence, dans le palais des Médicis dont elle étoit issue, ce goût a dû nécessairement se renforcer au milieu des chefs-d'œuvre qui l'entouroient ; elle employa tout son crédit à soutenir les artistes et à main-

tenir les arts dépendans du dessin dans leur état
de perfection. Le nombre considérable de monumens qui nous restent encore de ce temps-là ,
malgré les destructions qui s'en firent à plusieurs
époques et notamment sous la régence de la reine
Anne d'Autriche , est plus que suffisant pour
confirmer ce que nous avançons. Suivant Sauval, Anne d'Autriche fit détruire et brûler par
une dévotion mal entendue, pour plus de cent
mille écus de statues et de tableaux , dont la
majeure partie étoit de la main de Léonard de
Vincy, de Nicolo, Roux (dit maître Roux), etc.,
qui ornoient les châteaux de Madrid , de Fontainebleau et les autres édifices que François Ier.
avoit fait construire et décorer; sous prétexte
que ces morceaux représentoient des nudités.

Henri IV, de ses sujets le vainqueur et le père ,
monta au trône de France par une route couverte
de lauriers. Déjà il avoit gagné trois batailles
rangées, trente-cinq rencontres d'armes, cent
quarante combats, et trois cents siéges de places.
Henri protégea et récompensa les artistes. Son
goût particulier pour les bâtimens lui fit augmenter prodigieusement les embellissemens de
la ville de Paris qu'il avoit obtenue à la pointe de
l'épée et qu'il appeloit volontiers sa bonne ville.
Il fit d'abord achever l'Hôtel de ville que François Ier. avoit fait commencer, recula les limites ,

fit construire de nouvelles portes et ordonna l'élargissement des rues. Il fit relever les quais et bâtir plusieurs palais, parmi lesquels on remarque le Luxembourg qu'un artiste d'un talent distingué[1] vient de restaurer avec beaucoup de soin. Miron, prévôt des marchands et lieutenant civil, fut chargé d'exécuter ses ordres. Henri IV fit terminer le Pont-Neuf par Androuet du Cerceau, son auteur. Ce pont, suivant les chroniques du temps, avoit été commencé en 1578. La première pierre fut posée le samedi 31 mai, en présence du roi, de Catherine de Médicis, de la reine, de monsieur le duc de Nevers, etc. On y déposa, suivant l'usage, des pièces d'or, d'argent et une inscription, et il ne fut terminé qu'en 1604; Androuet du Cerceau avoit bâti les hôtels de Sulli, de Mayenne, des fermes générales, etc. Il montra beaucoup de talent dans les nouveaux plans qu'il proposa au roi; il a publié sur son art plusieurs ouvrages qui sont fort estimés. Le bon roi Henri accorda aux artistes qui se distinguèrent de son temps, des récompenses nationales, et leur donna des logemens dans son palais du Louvre, disant qu'il tenoit à l'honneur de s'entourer des hommes

---

[1] M. Challegrin, architecte, membre de l'Institut national, déjà connu par plusieurs monumens publics.

qui se rendoient utiles à leur pays par l'industrie, et qu'il estimoit particulièrement. M. Gounod, peintre, dont les talens sont estimés, tient encore aux galeries du Louvre un logement que son aïeul avoit reçu à titre de récompense, des mains même de Henri IV. Le mariage que ce prince avoit contracté avec Marguerite de France, dite de Valois, fille de Henri II et de Catherine de Médicis, fut déclaré nul, en 1599, par le pape Clément IX ; Il épousa, en 1600, Marie de Médicis, fille de François II de Médicis, grand duc de Toscane, mais il ne fut pas plus heureux avec celle-ci qu'il ne l'avoit été avec la première. Ce bon époux se dédommagea dans les bras de ses maîtresses, des chagrins domestiques que sa femme se plut à lui donner. Marguerite de France aimoit passionnément les arts ; elle cultivoit la poésie avec un grand succès. Le père Lemoine, son confesseur, s'attribua la plus grande partie de ses ouvrages et les publia sous son nom, après la mort de cette princesse. Ce reproche fut adressé au père Lemoine, et quelques Jésuites essayèrent de prouver que cette princesse n'avoit pas assez d'esprit pour qu'un religieux de leur ordre daignât se parer de ses dépouilles. Quoi qu'il en soit, j'ai lu, à la bibliothèque nationale, plusieurs manuscrits de Marguerite de Valois, fort intéressans.

J'ai notamment remarqué ses lettres au vicomte
de Laval, elles sont remplies d'esprit, d'instruction, et même de citations latines, grecques et
italiennes. Ces lettres sont mêlées de prose et de
poésie. Voici une épitaphe que le père Lemoine
s'est injustement attribuée et que renferme une
de ces lettres, avec des réflexions sur le néant
des grandeurs. Cette pièce, qui a fait en quelque
sorte la réputation poétique du père Lemoine,
doit être enfin restituée à son véritable auteur;
elle annonce le plus grand talent dans la femme
malheureuse que tous les historiens s'accordent
cependant, si j'en excepte Sauval [1], à recon-

---

[1] Les médisans ajoutent que, n'ayant pu avoir des
enfans de son mari, elle eut un garçon d'un autre à la
rue du Four, dans une certaine première chambre,
vis-à-vis la rue des Deux-Écus; bien davantage, on
l'accuse, et même avec elle une princesse, et la femme
d'un favori, d'avoir toutes trois, par leurs amours,
causé la mort à Conconas et à la Molle, qu'on décapita
à la Grève; plus, pour avoir deshonoré le sang royal,
et la couche du mignon de Charles IX, que pour être
entrés dans la faction des malcontens: par ordre de la
reine de Navare, la tête de la Molle fut enlevée, portée
à Mont-Martre, et enterrée dans la chapelle des Mar-
tyrs; qu'enfin, elle le pleura longtemps sous le nom
d'Hyacinthe. Nous voyons qu'après une troupe licen-
cieuse de jeunesse vint lui former une nouvelle cour,
après la mort de ce beau garçon; cela se traita avec si

noître pour une des plus aimables et des plus spirituelles princesses de son temps. « Vraie héritière des Valois, dit Mézerai, elle ne fit jamais don à personne, sans excuse de donner si peu ; elle étoit le refuge des gens de lettres, en avoit toujours quelques-uns à sa table, et apprit tant en leur conversation, qu'elle parloit et écrivoit mieux que femme de son temps.

PIÈCE DE VERS DE MARGUERITE DE VALOYS,
PREMIÈRE FEMME DE HENRI IV.

Ceste brillante fleur de l'arbre des Valoys ,
En qui mourust le nom de tant de puissans roys ,

---

peu de ménagement, que Henri III, qui l'avoit tant aimée auparavant, se détermina à la chasser honteusement du Louvre, à cause de ses désordres ; que depuis, étant allée loger à l'hôtel de Sens, un satyrique fit ce mauvais quatrain :

> Comme royne , elle devoit être
> Dedans la royale maison ;
> Mais comme putain , c'est raison,
> Qu'elle soit au logis d'un prêtre.

Enfin, de tous côtés, elle étoit épiée et éclairée de si près, qu'on crut que cet hôtel devint un sérail, aussi bien que le palais qu'elle fit bâtir au fauhourg Saint-Germain, rue de Seine ; et qu'enfin sa chambre servoit de lieu de débauche ; qu'elle ne s'y endormoit qu'au récit et aux plaisanteries qu'on lui faisoit des aventures et des faits amoureux des dames de la Cour (*Sauval*, *I*er. *vol. page* 21).

Marguerite, pour qui tant de lauriers fleurirent,
Pour qui tant de bouquets chez les Muses se firent,
A vu fleurs et lauriers, sur sa tête sécher,
Et, par un coup fatal, les lys s'en détacher.
Las ! le cercle royal dont l'avoit couronnée,
En tumulte et sans ordre un trop prompt hymenée,
Rompu du mesme coup devant ses pieds tombant,
La laissa comme un tronc dégradé par les vents.
Espouse sans espoux, et royne sans royaume,
Vaine ombre du passé, grand et noble fantosme,
Elle traisna depuis les restes de son sort,
Et vist jusqu'à son nom mourir avant sa mort.

« Il est à souhaiter, dit un historien, pour l'exemple des rois, et pour la consolation des peuples, qu'on lise, dans la grande Histoire de Mézerai, dans Péréfixe et dans les Mémoires de Sully, ce qui concerne les temps de Henri IV. Plus on connoîtra ce bon prince, plus on l'aimera, plus on l'admirera ». Malgré toute sa gloire, malgré sa bonté et ses rares qualités on a attenté plusieurs fois à sa vie. En 1593, Pierre Barrière, poussé par Aubry, curé de Saint-André-des-arcs, et par le jésuite Varade, osa porter sur le roi des mains criminelles. Que de bienfaits, ce roi n'auroit-il pas procurés à la France si, en montant sur le trône, il eût conservé ses opinions religieuses et s'il les eût confirmées, en les mettant sous la protection immédiate de son épée ! Que de citoyens vertueux n'eût-il pas conservés à la France ! que de richesses alors se seroient répandues dans les manufactures et dans le commerce ! Quand on fait le sacrifice de ses facultés morales , on fait le sacrifice de sa liberté. Plusieurs historiens ont peint Henri IV flottant entre les deux religions ; cependant on peut le considérer comme un vrai chrétien, ami de la vérité, ennemi de la persécution, et détestant le crime partout où il se trouve. Les ligueurs ne tinrent aucun compte de la conduite franche et loyale du roi ; ils soulevèrent les dévots et armèrent contre lui les fanatiques. En 1595 , Jean Chatel frappa Henri IV à la bouche, d'un coup de couteau, sous prétexte qu'il n'étoit pas absous par le pape. Enfin Ravaillac posté dans la rue de la Féronnerie le poignarda le 14 mai 1610. Il paroît certain que la mort de Henri IV et toutes les tentatives qu'on fit pour lui ôter la vie furent l'ouvrage des Jésuites. Mézerai semble appuyer fortement cette opinion , combattue depuis par un homme très-éloquent qui fut fortement soupçonné d'avoir eu un intérêt particulier à affoiblir ce que Mézerai avoit avancé avant lui. « Il faut lire avec beaucoup de défiance tout ce qui regarde les Jésuites , dans les remarques de l'abbé de l'Ecluse sur les mémoires de Sully. Non seulement l'Ecluse a falsifié les mémoires de Sully en plusieurs endroits, mais, comme il imprimoit en 1704, et que les Jésuites étoient alors fort puissans, il les flattoit lâchement ». Il nous suffiroit de rapporter ici le jugement de Jean Chatel et les inscriptions qui furent gravées sur le monument que la ville de Paris fit construire dans la place du palais, à l'occasion de cet attentat, pour justifier Mézerai et fixer nos idées sur des événemens qui se sont trop souvent renouvelés. J'ai tiré d'un manuscrit original du temps, les inscriptions dont on avoit chargé ce monument, ainsi qu'une copie du dessin qui l'accompagnoit : ces pièces intéressantes seront le sujet d'un autre travail. Henri IV eut la générosité de céder aux instances du père Coton, et ordonna, en 1605, la démolition du monument. Il fut assassiné cinq ans après.

Voici l'extrait de la lettre que Henri IV écrivit à différentes villes de son royaume, pour les informer des dangers qu'il venoit de courir, par l'attentat de Jean Chatel contre sa personne. « Il n'y avoit pas plus d'une heure, dit ce prince, que nous étions arrivé à Paris, du retour de notre voyage de Picardie, et étions encore tout botté, qu'ayant autour de nous nos cousins, le prince de Conti, comte

de Soissons et comte de St-Paul , et plus de
trente ou quarante des principaux seigneurs
et gentils-hommes de notre Cour ; comme nous
recevions les sieurs de Ragni et de Montigni
qui ne nous avoient pas encore salué , un jeune
garçon , nommé Jean Chatel, fort petit , âgé au
plus de dix-huit à dix-neuf-ans , s'étant glissé
avec la troupe de la chambre, s'avanca , sans
être quasi aperçu , et nous pensant donner
dans le corps , du couteau qu'il avoit , le coup,
parceque nous étions baissé pour relever lesdits sieurs de Ragni et de Montigni qui nous
saluoient , ne nous a porté que dans la lèvre
supérieure , du côté droit , et nous a entamé
et coupé une dent..... Il y a , dieu merci , si
peu de mal , que pour cela , nons ne nous
metterons pas au lit de meilleure heure ». Cette
lettre est la preuve du peu d'importance que
Henri IV mettoit à sa personne, et le peu de
cas qu'il faisoit de sa vie : exemple trop dan-
gereux à suivre pour ceux qui , comme lui ,
bravent tous les dangers , et peuvent par un
excès de zèle ou de courage , dans le poste
qu'ils occupent , compromettre l'empire et les
citoyens qui le composent. Plus les jours du
premier chef de l'Etat sont précieux à la tran-
quillité publique, plus il doit être conservateur
de sa personne. Si François Ier. eût été plus pru-

dent à Pavie, il n'auroit pas mis la France à deux doigts de sa perte.

N°. 540.

Description du Château d'Anet.

L'origine du château d'Anet, situé au bord de l'Eure, est fort ancienne : une charte de 1169 nous apprend que Simon d'Anet, alors seigneur de Bourg, donna la paroisse de Rouvres, située à deux lieux en deçà, à l'abbaye du Bec-Helvin, qu'il avoit particuliérement affectionnée. Près du château d'Anet, j'ai vu les vestiges de l'ancienne demeure de Simon d'Anet. En 1209, cette possession passa dans d'autres mains, et ce ne fut qu'en 1318, que Louis, comte d'Evreux, fils de Philippe III, et frère de Philippe-le-Bel, obtint ce monument d'Antoine de Trénete. Vers 1340, Charles-le-Mauvais, comte d'Evreux et roi de Navarre, possesseur d'Anet, s'y retira et fit construire un château fortifié de tours : une partie de ce bâtiment qui existoit encore, il y a cinq ans, tel qu'il l'avoit fait élever pour son usage, a été entiérement démolie, par M. Hirigoyen, propriétaire actuel du château. Charles V, qui soupçonna ce prince de l'avoir fait empoisonner, fit seulement abattre les fortifications qui entouroient le château [1].

Charles VII, en reconnoissance des services que lui avoit rendu Pierre de Brézé, en chassant les Anglais de la Normandie, en 1444, lui donna le château d'Anet et autres lieux, avec des redevances. Pierre de Brézé fut tué à la bataille de Montlhéri, en 1465; et Jacques, son fils, qui avoit épousé Charlotte de France, fille naturelle de Charles VII, et d'Agnès Sorel, souilla cette maison par le meurtre de sa femme, qu'il tua dans un accès de jalousie [2]. Enfin Louis de Brézé, son fils, après avoir perdu Catherine de Dreux, fille de Jean de Dreux, sa première femme, épousa, le 29 mars 1514, la célèbre Diane de Poitiers, fille de Jean de Poitiers, Seigneur de Saint-Vallier. L'histoire rapporte que ce dernier,

---

[1] Charles V fit démolir, la même année, les forts d'Anet, de Bréval, de Nogent-le-Roy et de Montchauvet, et confisqua ces quatre châtellenies appartenantes au roi de Navarre, accusé de l'avoir empoisonné.

[2] Le procès fut fait à Jacques de Brézé, et il fut condamné à mort, ainsi qu'il est prouvé par un arrêt du Conseil, du 22 septembre 1481, par lequel la peine de mort fut commuée en une amende de cent mille écus d'or envers le roi, jusqu'au paiement de laquelle somme ledit Brézé tiendra prison.

ayant conspiré, avec le connétable de Bourbon,
contre François Ier., fut pris, à Lyon, et condamné à perdre la tête. Ce jugement lui fit une
si vive impression, qu'en moins de douze
heures, ses cheveux noirs devinrent blancs,
comme de la neige [1]. L'amour filial porta Diane
aux pieds de François Ier., pour implorer la
grace de son père. Ce prince généreux, séduit
par la noblesse et la beauté de cette jeune
femme, ne put résister à ses vives sollicita-
tions. Des écrivains se sont permis de dire que
ce souverain exigea, pour prix de son bien-
fait, que Diane lui fît le sacrifice de son honneur : elle pouvoit avoir alors vingt-quatre ans ;
mais rien n'est moins prouvé que ce fait, et
je me plais à croire qu'un noble chevalier,
l'ami des sciences et des arts, n'a point souillé
sa vie par ce trait odieux. *La plus grande
partie de la magnanimité est de pardonner, et
la plus grande marque de pusillanimité et
de vilité de cœur est la vengeance*, disoit
François Ier. « Il fut arrêté seulement sept des
» conspirateurs, entr'autres St.-Vallier, la Vau-
» guyon et Aymard de Prie. On fit le procès
» à St.-Vallier, il fut condamné à perdre la
» tête ; mais, comme il étoit en grève, sur
» l'échafaud, au lieu du coup mortel, il

---

[1] Cette maladie est nommée par Gallien, *alopécie.*

» reçut sa grace. On disoit que le roi la lui
» avoit envoyée , après avoir pris de Diane,
» sa fille , âgée pour lors de quatorze ans ,
» ce qu'elle avoit de plus précieux , échange
» fort doux à qui estime moins l'honneur que
» la vie , ou qui le fait consister dans l'éclat.
» d'une faveur plus enviée qu'innocente ».
Voyez Mézerai , page 444 , tome 2. Mézerai
se trompe, sur l'âge de Diane de Poitiers,
née en 1500 ; elle fut mariée à quatorze ans ,
et la conspiration du connétable de Bourbon,
contre François Ier., n'eut lieu qu'en 1524.
Diane, après la mort de Louis de Brézé, [1] son
époux , se retira dans sa maison d'Anet. Cependant sa réputation augmentoit ; le caractère fier de cette femme aimable , la sagacité
de son esprit , et surtout l'art qu'elle mettoit à
manier les grandes affaires politiques, comme
je l'ai dit plus haut , séduisirent Henri II qui

---

[1] Louis de Brezé mourut en 1531 ; il fut inhumé dans
la chapelle du cardinal d'Amboise, derrière le chœur de
la cathédrale de Rouen, où l'on voit encore, à gauche
en entrant , le beau mausolée en marbre que Diane, sa
fille , lui fit élever; ce monument, où il est représenté à
cheval et de grandeur naturelle , est accompagné de plusieurs figures aussi de marbre blanc. Le tout par Jean
Cousin , sculpteur célèbre , dont j'ai eu occasion de
parler souvent dans cet Ouvrage.

en devint excessivement amoureux : elle l'écouta. L'on comprend aisément que la solitude modeste de Diane ne convenoit plus à la maîtresse du roi de France. Ce prince, en 1552, chargea son architecte, Philibert de Lorme, de construire, sur l'ancien château d'Anet, un palais digne de celle qui avoit fixé son cœur. Tout ce que l'art et la galanterie purent inventer, Philibert sut l'employer à propos dans son plan, dans son élévation et dans ses décorations intérieures. Enfin, son génie créateur nous avoit laissé un monument grand dans son ensemble, précieux par ses détails, riant par sa position, et pittoresque par la variété des mouvemens qu'il a su donner à son architecture. Le célèbre Jean Goujon fut chargé des sculptures ; et Jean Cousin, des arabesques et des peintures sur verre. Partout on trouve des statues, des bas-reliefs aimables et les chiffres enlacés de Diane et de Henri ; une vue agréable entoure ce palais, ou plutôt ce temple qu'un roi voluptueux avoit consacré à ses amours : c'est ainsi que l'Homère français s'exprime sur le beau château d'Anet.

Il voit (l'*amour*) les murs d'Anet bâtis au bord de l'Eure ;
Lui-même en ordonna la superbe structure.
Par ses adroites mains avec art enlacés,
Les chiffres de Diane y sont encore tracés ;

Sur sa tombe, en passant, les plaisirs et les graces
Répandirent les fleurs qui naissoient sur leurs traces.
(VOLTAIRE, *Henriade*, *chant IX*).

Le château d'Anet, après avoir passé de la maison de Vendôme à la maison de Penthièvre, fut vendu, pendant le cours de notre révolution, par les administrateurs du département d'Eure et Loir. Les propriétaires de ce château connoissoient bien toute l'importance de leur acquisition : ils s'étoient bien promis de conserver un monument qui fixoit l'attention de tous les connoisseurs : tel étoit leur dessein ; mais des revers et des circonstances fâcheuses dont ils furent la victime et qu'il ne m'est point permis de citer, les décidèrent à démolir cette maison, pour remplir les engagemens dont ils étoient chargés. Ce travail étoit à la veille d'être consommé lorsque, de concert avec eux, ils me facilitèrent l'acquisition d'une partie du château et des morceaux les plus précieux qui avoient passé dans d'autres mains avant même la vente du château. De ce nombre furent le tombeau de Diane de Poitiers dont les parties éparses furent vendues à cinq personnes différentes (voyez la description que j'en donne dans ce volume, sous le n°. 466) ; les trois grands vitraux, par Jean Cousin, que j'ai décrits dans l'histoire de la peinture sur verre ; les bronzes de Jean Goujon , qui décoroient la porte d'entrée; le plafond en bois de la chambre à coucher de Diane de Poitiers , et les lambris sculptés de la même main ; un groupe en marbre blanc représentant Diane chasseressé, appuyée sur un cerf et accompagnée de ses chiens Procion et Syrius : ce monument de la main de Jean Goujon, unique en France , avoit été coupé en plusieurs morceaux par des malveillans; je l'ai fait poser dans le jardin de ce Musée , *voyez* sa description , sous le n°. 467. J'ai déjà parlé dans cet ouvrage , du projet qui a été adopté par le ministre , de former , des trois cours qui composent l'ensemble des bâtimens des Petits-Augustins , trois époques remarquables de l'architecture en France, en les ornant avec des débris d'anciens monumens. Voyons premiérement ce que présente celle du seizième siècle, composée avec les restes du palais de Diane de Poitiers , et suivons ce projet dans ses détails.

Restauration du Château d'Anet dans ce *Musée.*

On voit d'abord, dans la première cour, un portail magnifique de soixante - six pieds de haut, composé de trois ordres grecs , orné de bas-reliefs et de sculptures de la plus grande beauté, dont l'exécution est due à Jean Goujon.

On lit encore sur un marbre noir l'inscription en lettres d'or dont il étoit chargé :

Bræzæo hæc [1] *statuit pergrata Diana marito ,*
Ut diuturna sui sint monumenta viri.

Ce portail sert de façade à la porte d'entrée de la salle d'introduction du Musée ; 2°. des murs lisses, garnis simplement de pilastres, et ornés de niches, élevés de chaque côté, rejoindront deux autres portiques couverts, construits avec les corniches et les colonnes du château d'Anet; les frises et les bas-reliefs en bronze de Jean Goujon seront placés dans les archivoltes, ainsi qu'ils avoient été disposés primitivement par Philibert Delorme; 3° une partie circulaire placée dans le fond, réunira les deux portiques, qui laisseront voir une avenue d'arbres plantés dans la seconde cour bâtie elle-même avec les débris d'un bâtiment plus ancien que celui d'Anet, conforme au plan général qui se trouve à la fin de ce volume, et suivant la description qui suit celle-ci. Ces portiques ouverts donneront du mouvement à l'ensemble général de l'architecture, et formeront un point de vue très-agréable,

---

[1] Le mot *hæc* est écrit sur le marbre par un *e* simple ; c'est une faute que je n'ai pu corriger sans faire refaire l'inscription.

puisqu'en entrant dans la cour du Musée par la rue des Petits-Augustins, on verra le jardin Élysée à travers les ouvertures des portiques. Cette cour, ainsi décorée, devant servir de préface à notre Muséum, a dû être consacrée à la mémoire des artistes et des hommes qui ont illustré la France à des époques différentes, ce qui a déterminé le placement en avant de la portion circulaire que l'on voit dans les gravures ; l'érection d'une colonne corinthienne surmontée d'une Renommée, avec cette inscription rehaussée d'or : *à la mémoire des hommes célèbres en France.* Leurs bustes garniront les dix-neuf niches qui composent la décoration entière de la cour. De la verdure et des arbres feront les fonds du bâtiment. La corniche du premier ordre du grand portique tournera autour de la cour, et couronnera toute l'architecture, ainsi qu'elle étoit disposée à Anet. Ce beau portail, unique à Paris, acheté par ordre du ministre de l'intérieur à M. Hirigoyen, devenu par la révolution propriétaire du château d'Anet, a été transporté et restauré avec le plus grand soin, ainsi que le seront les deux autres portiques provenant des démolitions de ce château dont nous venons de parler. *Voyez* les gravures de grand format qui se trouvent à la fin de ce volume, avec une explication particulière. Plusieurs figures en marbre blanc, représentant Diane, Apollon, Méléagre, Vénus, *Frutis* et Cérès, dont les formes rappellent parfaitement celles des statues grecques, remplissent les six niches de l'entre-colonnement de l'ordre dorique, et dont une partie est déjà élevée.

N°⁵. 538 (*bis*), 542 et 135.

Restauration du Château de Gaillon dans ce Musée.

La seconde cour du Musée, dont je donne aussi les plans et les élévations à la fin de ce volume, est totalement composée avec les ruines du château de Gaillon, dont la bâtisse fut commencée vers 1490 et terminée en 1500, pour le cardinal Georges d'Amboise, qui fut ministre du roi Louis XII. Ce prélat avoit connu le roi lorsqu'il étoit encore duc d'Orléans; il mérita son estime et ne cessa de travailler au bonheur de la France. Sa bonne gestion, son caractère doux et son extrême probité lui gagnèrent l'amour du peuple. Il mourut à Lyon en 1510, âgé de cinquante ans.

Cette cour est composée de quatre façades ornées d'arabesques de l'invention la plus riche et de l'exécution la plus soignée. En entrant à droite, on voit une galerie couverte formée

par huit colonnes arabesques qui supportent
une frise représentant les actes des apôtres divisés en neuf sujets sculptés avec le plus grand
soin, d'après les dessins de Raphael. En face
est une autre galerie composée de sept pilastres
chargés sur leurs faces, contre-faces, et sur leurs
côtés, d'arabesques de la plus grande beauté;
ils soutiennent autant d'arcs chargés aussi
de belles sculptures. Une frise arabesque dans le
style de l'antique couronne ces arcades; de
belles et grandes croisées divisées par autant de
trumeaux, montent à plus de quinze pieds de
haut, et ne formant qu'une masse d'ornemens
arabesques, terminent avec leurs corniches l'é-
lévation des deux façades. Dans le milieu des
trumeaux, sont placés douze médaillons de la
plus riche ordonnance, contenant en façon de
camée les bustes en marbre des Empereurs romains. Ces médaillons sont placés de manière
qu'ils tournent régulièrement autour de la cour.
Cette galerie servira de passage à une salle qui
sera construite sur le terrain auquel elle sert
de façade, comme on peut le voir sur le plan
que j'en donne planche 165 : elle sera décorée,
dans son intérieur, d'arabesques du même
temps et de la riche et belle boiserie qui ornoit
la chapelle du château de Gaillon (*voyez* la
description et la gravure de ce bel ouvrage,

tome III, page 20). Dans le milieu de la cour sera placée une belle fontaine de marbre de forme arabesque, dont on donnera la gravure dans le prochain volume, sous le n⁹. 542. Si nous consultons les gravures qu'Androuet du Cerceau a publiées sur le beau château de Gaillon, nous verrons que ce morceau n'est qu'une partie de la magnifique fontaine que Georges d'Amboise, le Médicis de la France, avoit fait sculpter pour son palais. Les deux autres faces, d'un style moins pur dans leur ensemble, que celles dont je viens de parler, ne montrent pas moins de richesse dans leur décoration. Celle du fond, composée de deux étages ornés d'arabesques et de colonnes, est formée dans le milieu par deux grands arcs l'un sur l'autre, décorés avec la plus grande magnificence, et chargés des ornemens les plus exquis. L'arc inférieur placé sur la même ligne que l'entrée qui donne sur la rue des Petits-Augustins, laisse voir aussi le jardin Elysée et développe à l'œil un point de vue d'un bel effet. L'arc supérieur renferme une cuvette d'un travail soigné, chargée d'arabesques dont la gravure, sous le n°. 135, fait la principale partie du frontispice de ce volume. De chaque côté on voit une croisée ornée de festons et de guirlandes découpés à jour, sculptés avec une légéreté surprenante.

Les croisées en forme de niches contiennent chacune une statue en marbre, de sept pieds de proportion, copiée d'après l'antique et représentant des sénateurs. Le Cardinal Georges d'Amboise fit copier exprès à Carare les statues et les douze médaillons dont j'ai parlé plus haut, pour en décorer son palais. Dans le tableau du milieu, on lit l'inscription suivante, que j'ai soumise à l'approbation du ministre de l'intérieur, avant de la faire exécuter :

> Les quatre façades qui décorent cette cour, faisoient partie du Château de Gaillon, bâti l'an 1500, pour le cardinal Georges d'Amboise.

> Ce monument a été transporté et relevé sous le consulat de Bonaparte et le ministère de Chaptal, dans les années X et XI de la République française.

La majeure partie de ces belles pierres, ainsi que toutes celles qui furent employées à la construction de ce monument, élevé par la magnificence de Louis XII, a été tirée des carrières qui se trouvent dans les environs de Vernon, mais d'un filon situé de l'autre côté de la rivière. Cette pierre est très-blanche, sonore, fine et très-serrée dans ses molécules ; son défaut est d'être sèche et d'éclater facilement sous l'outil, ce qui me fait croire qu'elle est plus tendre et plus liante , lorsqu'elle sort de la carrière , et qu'elle se durcit à l'air ; car sans cet avantage, il auroit été impossible d'obtenir , dans son état de sécheresse, les finesses et les déliés que présentent les sculptures que je viens de décrire. Elle est aussi remarquable parce qu'elle contient, en grande quantité , des silex d'un noir d'ébène, sans tache , et de la grosseur d'un œuf , ce qui est un obstacle pour l'emploi de cette pierre à la sculpture ; mais les artistes qui ont été employés à la décoration de ce château, n'ont point été arrêtés par la fréquence du phénomène dont je parle ; ils ont employé le silex même, à fur et mesure qu'il se montroit , dans la composition de l'ornement qu'ils vouloient exécuter. Par cette adresse, ils ont surmonté toutes les difficultés. Voici un extrait des lettres que le **Minis**tre de l'intérieur m'a adressées sur le compte que je lui ai rendu des travaux du Musée.

Du 19 pluviose an 10. « J'ai reçu , citoyen ,
» l'état des dépenses relatives au Musée des
» Monumens français. La sévère économie
» que vous avez mise dans les différentes
» parties de votre administration , et que vous
» avez su allier avec toutes les dispositions qui
» pouvoient contribuer à l'éclat de votre éta-

» blissement ; le sage emploi des fonds qui vous
» ont été accordés par le Gouvernement, vous
» méritent les justes témoignages de sa satisfac-
» tion , et c'est avec plaisir que je vous l'offre.

» Signé CHAPTAL. »

(Autre datée du 24 pluviose an 10). « J'ai
» examiné , citoyen , les comptes et les détails
» que vous m'avez transmis , et qui sont rela-
» tifs au transport dans le Musée que vous
» dirigez , du portique du château d'Anet et
» à sa restauration......... Les artistes vous
» devront de la reconnoissance pour la con-
» servation d'un monument aussi précieux ,
» et le Gouvernement vous doit , en même
» temps , des témoignages de satisfaction pour
» la manière sage et économique avec laquelle
» vous avez exécuté cette entreprise qui pré-
» sentoit de grandes difficultés. Agréez ,
» citoyen , le témoignage de mon estime
» particulière.

» Signé CHAPTAL. »

La troisième cour sera ornée d'ogives formant arcades , et d'une galerie gothique bâtie
avec des débris d'anciens monumens. Elle fera
voir le style et le goût de l'architecture du quatorzième siècle. Ainsi , par ce plan , l'artiste et

l'amateur jouiront de la vue de trois styles différens, qui ont été successivement employés
en France. Par la restauration du château
d'Anet, nous voyons la belle achitecture du
seizième siècle. Le château de Gaillon montre
celle qui fut inventée à la première époque de
la renaissance des arts en France; on y remarque le goût arabesque, imité de l'architecture mauresque. Enfin, par la restauration
gothique, faite avec les débris d'un cloître, on
voit l'emploi des ogives et le genre de décorer
des Sarrazins, adopté en France, à la suite de
nos croisades.

Les plans et dessins, accompagnés d'un
projet d'adjoindre l'hôtel de Bouillon aux bâtimens des Petits-Augustins, pour l'agrandissement du Musée, ont été présentés (en ni-
vose an 9) au premier consul Bonaparte, qui
a bien voulu les recevoir de ma main, et les ac-
cueillir favorablement. Le ministre Chaptal
en a favorisé l'exécution, autant que les circonstances pouvoient le permettre. Voici un
extrait du rapport que j'ai joint à ce projet :
« Le Musée des Monumens français mérite
une attention toute particulière, par sa position
naturelle, et par l'immensité de son empla-
cement ; il présente une surface de trois mille
sept cent soixante-deux toises, et il est suscep-

tible d'un plus grand développement encore. Trois cours et un jardin magnifique composent, dans ce moment, la totalité de cet établissement. Le jardin est considérable ; il est fermé, dans sa partie méridionale, par l'hôtel de Bouillon, qui en fait absolument le fond, et dont l'ouverture, donnant sur le quai Voltaire, se trouve précisément faire le milieu du jardin. Ce bel hôtel, bien bâti en pierre de taille, peut s'acquérir ou s'échanger, contre un autre domaine, suivant les dispositions du propriétaire qui en a manifesté la volonté. Le petit hôtel de Bouillon, qui devient inutile au Musée, peut se détacher de l'acquisition proposée. Par cette acquisition, le Musée des Monumens français, prend un caractère vraiment imposant, et devient naturellement, et sans frais de construction, le plus bel établissement de l'Europe. D'abord, une grande et magnifique entrée, par le quai, ferme une vaste cour propre au placement de statues modernes qui y seroient régulièrement élevées. Les salles du rez-de-chaussée seront employées, *primo*, à une collection de portraits des hommes célèbres de la France ; *secundo*, à une suite chronologique d'armures de tous les âges ; *tertio*, à un choix de médailles françaises ; *quarto*, à une collection complète de costumes nationaux de tous

les âges et de tous les ordres, posés sur des ma-
nequins placés par siècle, et de manière à faciliter la vue des vêtemens dans tous les sens ;
quinto, à une bibliothèque uniquement formée
des livres nécessaires à la connoissance des
monumens contenus dans le Musée, dans lequel on arriveroit, en été, par le jardin, et en
hiver, par une colonnade couverte, fermée par
des vitraux, etc... Le passage donnant sur la
rue des Petits-Augustins, serviroit de sortie. »

La restauration du château de Gaillon, dans
le Musée, est d'autant plus utile aux artistes, que
Paris offre peu de grands monumens de cette
époque de l'art ; je dirai même qu'il n'en offre
point qui présente une masse d'architecture
aussi imposante, aussi variée dans ses détails,
et qui montre autant de perfection dans les
ornemens. L'abbaye St.-Victor, avant sa destruction, renfermoit un autel du même temps,
dont les ornemens et les arabesques étoient de
la première beauté, parfaitement. conservés,
ainsi que les dorures et les couleurs dont on
l'avoit rehaussé, suivant l'usage. [1]

---

[1] Ce beau monument, modèle parfait de l'architecture du quinzième siècle, que j'espérois réunir dans ce
Musée avec ceux qui y sont déjà, a été brisé entiérement
pour faire du moëllon.

L'Abbaye St.-Victor de Paris fut fondée vers l'an 1100, par Louis le Gros, sur un terrain désigné dans les chartes de cette maison par *colla vetus*, où habitoit une femme, nommée *Basilla*, qui s'y étoit retirée dans une petite chapelle qu'elle avoit fait construire. La partie septentrionale du jardin St.-Victor, du côté de l'église, avoit encore conservé de nos jours, le nom d'hermitage, en mémoire de la pieuse Basilla, où l'on voyoit encore, dans les siècles derniers, son tombeau sur lequel on lisoit : *hic jacet ante piam Basilla reclusa Mariam.* Pierre Abeilard fait mention de l'origine de cette fondation, dans sa première lettre sur les calamités, à l'article de l'évêque de Champeaux, que ce savant abbé appelle son maitre. Guilduin, suivant Suger, fut le premier abbé de St.-Victor ; il fut choisi parmi les savans et les hommes en vénération de ce temps-là, pour être le confesseur particulier du roi, Louis le Gros. Cette abbaye, d'une belle et grande architecture, pour l'époque de son érection, a été entiérement démolie. On voit encore, dans la rue St.-Victor, un fragment de la principale porte du portail, qui montre parfaitement le style de l'architecture pratiquée avant les croisades. L'église renfermoit des vitraux précieux et des monumens intéressans, qu'il m'a été impossible de revendiquer. Voici deux épitaphes, assez remarquables, que j'ai copiées : la première est celle qui fut élevée par les religieux même, en forme de cenotaphe, à la mémoire de leur bienfaiteur, qui voulut être enterré à St.-Denis, auprès de ses ancêtres ; cette inscription, renouvelée ici, est d'autant plus précieuse, qu'elle a été brisée et perdue dans les démolitions de l'édifice.

EPITAPHIVM LVDOVICI GROSSI HVJVS ECCLESIÆ FVNDATORIS.

Illvstris genitor Lvdouici, rex Lvdouicvs,
Uir clemens, Christi seruorvm semper amicvs :
Institvi fecit pastorem canonicorvm,
In cella veteri, trans flumen Parisiorum,
Hanc uir magnanimis, almi uictoris amore,
Avro, reliqviis ornauit, rebvs honore.
Sancte Dionysi, qvi servas corpvs hvmatvm,
Martyr et antistes, Lvdouici solue reatvm.
Christi centeno, cvm mille, decem et tribvs anno,
Templvm hoc Uictoris strvxit regalis honoris.

L'épitaphe suivante est celle d'Obizo, médecin de Louis VI, dit le Gros, qui se rendit célèbre dans son art, et qui étoit religieux de l'abbaye Saint-Victor :

Respice qui transis, et quid sis disceve unde,
Quod fuimus nunc es, quod sumus istud eris,
Pauper canonicus de divite factus obizo
Huic dedit ecclesiæ plurima seque Deo :

Summmus erat medicus , mors sola triumphat in illo ,
Cujus ad huc legem nemo cavere potest.
Non potuit medicus sibimet conferre salutem.
Huïc igitur medico sit medicina Deus.

Cette épitaphe a servi à trouver le véritable sens d'une inscription singulière, gravée sur une ancienne tombe de marbre grec, de Pentelie, numérotée XXXV , dont j'ai donné la gravure et la description dans le premier volume de cet ouvrage, page 89. On s'est souvent égaré, en cherchant le véritable sens de cette inscription mystique , qu'une mauvaise combinaison dans le placement des lettres, et un mauvais arrangement dans les lignes, rendent fort obscur. J'invite mes lecteurs à se donner la peine de l'examiner. Après l'avoir infructueusement étudiée moi-même ; je me plais à en donner ici une traduction , faite par M. Andri , docteur en médecine , qui a bien voulu me la communiquer. Elle se construit ainsi :

O qui legis! vera obaudis, quod fueram es, quod sum eris.
   In orationibus memor sis mei ,
   Et dum oraveris pro me , corripe te
   Ante quàm tempus tibi finis.

   O toi qui lis ceci ! écoute une chose vraie : tu es ce que j'étois , et tu seras ce que je suis ; souviens-toi de moi

dans les prières ; et lorsque tu prieras
pour moi , corrige-toi , si tu n'es pas
juste , avant que le temps de ta mort
arrive.

Sur la construction de la phrase dans laquelle se trouvent les mots *quod fueram es,
quod sum eris*, M. Andri s'autorise de celle
qui se trouve dans l'épitaphe d'Obizo :
quod fuimus es , quod sumus istud eris.
L'inscription , gravée sur la tombe du médecin de Louis-le-Gros , est postérieure de
beaucoup à celle dont je viens de parler , et
déjà décrite dans le premier volume de cet
ouvrage. Dans celle d'Obizo , les lettres sont
plus correctes et le sens plus suivi dans la gravure;
dans l'autre, au contraire, dont je fais remonter
l'époque au huitième siècle , on rencontre des
transpositions considérables , des O à la place
des Q', et des lignes qui vont de haut en bas ,
et qui remontent de bas en haut. Ce monument curieux paroît avoir servi à la fermeture
d'un tombeau qui devoit contenir , si j'en juge
par les allégories dont il est chargé , un des
anciens abbés de St.-Denis. Déplacé , proba-
blement à l'époque où la reine Blanche ordonna la reconstruction de l'église , telle que
nous la voyons, la tradition de ce monument
s'est perdue, et depuis il fut révéré par les ha-

bitans de la ville de St.-Denis, comme ayant servi de sépulture à Jésus-Christ ; ils prétendoient qu'on l'avoit apporté en France, du temps des premières croisades.

Il y avoit aussi, à St.-Victor, plusieurs tombes sépulcrales, qui couvroient des personnages illustres. On remarquoit, entr'autres, celle de Pierre Lizet, premier président au parlement de Paris, dignité qu'il perdit, en 1550, par les intrigues du cardinal de Lorraine. Henri II lui donna, en dédommagement, l'abbaye de St.-Victor, où il mourut, en 1554, âgé de 72 ans. De Thou disoit, en parlant du caractère de Lizet : *il se conduit en femme, après avoir agi en homme.* Voici ce qui étoit gravé, sur sa tombe :

ΧΡΙΣΤΩ ΣΩΤΗΡΙ *Sacrum* 1555.

Petri Lizeti sepulchralis Inscriptio.

Justitiæ custos, fidei defensor et æqui,
Janua pauperibus semper aperta fuit.
Siste gradum, viator, tantisper, dum hæc perlegeris :
Hoc tumulo Petri Lizeti ΣΩMA *animæ quondam*
ΣΗMA *jacet. Qui olim ob heroïcas animi sui dotes*
Vir singulari memoriâ et summâ jurisprudentiâ
In supremum Parrhisiensis centuriæ senatum
A Rege Lodoico XII adscitus senatoris munere
Triennio functus est. Deinde triumviratus

Regii advocati munus XII annis duce
Francisco I feliciter obivit ; ac demùm ob suæ
Vitæ integritatem , in summum curiæ
Magistratum evectus , justitiæ habenas XX
Annorum curriculo ita moderatus est , ut qui
Religiosæ domús abbas , volente Henrico
Secundo , fieret , dignus omnium calculo
Videretur. Cujus spiritus terram linquens , cœlum
Tandem conscendit 1554 , septimo idus Junii,
Annos natus 72.
Cæterùm in Christo dormientibus lucem
Precare et quietem. Amen.

Le cardinal de Lorraine fut aussi enterré
dans le chœur de l'église de Saint-Victor :
aucune inscription, aucun ornement ne décoroient sa tombe. Je rapporterai ici un morceau fort éloquent de Bayle, sur le cardinal
de Lorraine, qui pourra bien lui tenir lieu d'é-
pitaphe, et servir à peindre ses rares qualités.
« C'étoit un grand cardinal, qui ne s'exposoit
» à rien, en allumant, par tous les coins du
» royaume, la guerre civile : il étoit assuré de
» suivre toujours la Cour, à l'abri de tout dan-
» ger, et de toute peine, et que, pendant que les
» provinces seroient un théâtre de carnage,
» il continueroit à se veautrer dans les voluptés ;
» que son luxe, sa pompe, sa bonne chère,
» ses amourettes, ne souffriroient point d'in-
» terruption. C'est là un sujet de scandale, qui

» duit augmenter prodigieusement l'horreur
» que fait aux ames véritablement chrétiennes
» un prédicateur boute-feu, cornet de guerre,
» de supplices et de tueries, homme qui, à
» proprement parler, n'est point de la religion
» de Jésus-Christ, mais de celle de Saturne,
» et qui, dans le fond, pratique ce que les
» prêtres de Carthage pratiquoient ancienne-
» ment, en l'honneur de ce faux dieu; *ils lui*
» *immoloient des hommes, et s'imaginoient*
» *que sa religion demandoit de telles victimes* ».

MONUMENS

DU SEIZIEME SIÈCLE.

SECONDE PARTIE.

De la Barbe sous François Ier. et Henri II.

COMME je l'ai dit dans mon dernier volume, page 79 , l'accident arrivé à François Ier, dans le château de Romorantin, fut la cause de la reprise de la barbe en France , dont l'usage avoit cessé du moment que Louis-le-Jeune, en expiation de ses cruautés envers les Champenois , se fit raser publiquement , par Pierre Lombard, évêque de Paris. *Voyez* tom. I de cet ouvrage , page 200.

Le goût de porter la barbe , à l'imitation de François Ier , devint tellement à la mode , qu'elle fut bientôt adoptée généralement. Le pape Jules II laissa croître sa barbe ; les prélats l'imitèrent , et tous les prêtres , malgré les ordonnances des différens conciles , qui défendoient aux ecclésiastiques de porter la barbe, la prirent indistinctement. François Ier profita adroitement de cette fureur pour la barbe, et retira une somme considérable du clergé de France, par un impôt qu'il mit sur toutes les barbes, et il obtint du pape un bref qui ordonnoit à tous les prêtres hors d'état de satisfaire à cet impôt, de se raser, sous peine d'encourir les peines portées par l'ordonnance du roi. Les prélats, les ecclésiastiques de la Cour, les chanoines à gros revenu, les bénéficiers, etc., pour se distinguer du bas clergé, qu'ils méprisoient, profitèrent de cette occasion, qui flattoit leur orgueil, et s'empressèrent de satisfaire à l'ordonnance, pour conserver leur barbe. Ainsi, les chanoines à mince revenu, les curés et vicaires de village, et les autres de cette classe, ne pouvant pas payer l'impôt, se rasèrent le visage. Cependant, cette distinction marquée entre les prêtres, causa de grandes dissentions dans la suite. Tant que François Ier. vécut, le bas clergé supporta cet affront, et n'osa pas faire éclater son indignation ; mais, comme la fureur ecclésiastique ne pardonne jamais et ne manque pas l'occasion de se venger, lorsqu'elle se présente, les prêtres non barbus attendirent patiemment la mort du roi, pour donner l'essor au ressentiment qu'ils cachoient depuis longtemps. Pierius Valerianus [1], homme très-éloquent, osa, le premier, parler publiquement contre François Ier., et prendre parti pour les prêtres rasés. Il réclama fortement en faveur des anciens droits du clergé, qui autorisent les prêtres, en général, à porter leur barbe. Son opinion basée sur le troisième canon du paragraphe de Barcelone, que j'ai déjà cité, produisit le plus grand effet : il dit, *qu'aucun ecclésiastique n'entretienne sa chevelure et ne se rase la barbe.* Le célèbre médecin Junius [2] publia, à cette occasion, un ouvrage sur les avantages qu'il y a pour la santé, de porter de *longues chevelures,* et de conserver sa *barbe.* Le pape, Paul III [3], espérant arrêter

---

[1] Jean Pierre Bolzani, connu sous le nom de *Pierius Valerianus,* écrivain célèbre de l'ancienne famille des Bolzani, naquit à Bellano, dans l'Etat de Venise ; il mourut à Padoue en 1558, à l'âge de quatre-vingt-un ans.

[2] Adrien Junius, né à Horn en Hollande, en 1511, fut médecin, savant littérateur et historien célèbre ; il mourut en 1575, de regret d'avoir vu piller sa bibliothèque par les Espagnols.

[3] Alexandre Farnèze monta au Saint-Siége sous le nom de Paul III, le 13 octobre 1534 ; il mourut à quatre-vingt-deux ans, l'an 1549.

des disputes qui ne servoient qu'à couvrir le
clergé de ridicule, ordonna que tous les
prêtres, en général, se raseroient le visage.
Guillaume Duprat, fils du célèbre chancelier
Duprat, fut, en France, la première victime
des barbes coupées. Comme il revenoit du
concile de Trente, où il s'étoit distingué, pour
prendre possession de l'évêché de Clermont,
dont il venoit d'être pourvu : c'étoit le jour de
Pâqnes ; il se présenta, à son église, pour y
faire l'office, il trouva les grilles du chœur
fermées. Trois dignitaires du chapitre se présentent aussitôt à lui ; l'un, armé d'un rasoir,
l'autre, d'une paire de ciseaux, et le troisième,
sans dire mot, lui montre de l'index, dans le
troisième livre des statuts du chapitre, ces mots :
barbis rasis. Duprat avoit la plus belle barbe
de la France, il ne fut point d'avis de la laisser
couper ; il voulut faire des remontrances à ces
trois forcenés, qui n'entendirent pas raison,
et qui ne répondirent autre chose à leur évêque
que, *barbis rasis,* en accompagnant la voix,
du geste propre à la chose. Duprat prit la fuite,
en disant : *je sauve ma barbe et laisse mon
évêché.*

Cette aventure fit grand bruit à la Cour, le
clergé barbu, et ceux qui avoient acheté le
droit de porter la barbe, en furent tellement

scandalisés, qu'ils sollicitèrent le roi Henri II, de prendre parti pour eux, ce qu'il fit. Le roi étoit alors à Fontainebleau : il écrivit de sa main une lettre qu'il adressa, le 27 décembre 1551, au clergé de Troyes, pour Antoine Caraciole, qu'il refusoit de recevoir pour évêque, à cause de sa longue barbe. Cette complaisance de la part du roi, dégénéra en abus, et, au lieu de s'y refuser, comme il auroit dû le faire, il eut la foiblesse de céder à de semblables demandes, notamment aux chanoines du Mans, et à ceux d'Orléans, à l'occasion de l'évêque Morvilliers etc... Pierre Lescot, architecte et ami de Jean Goujon, essuya le même refus ; lorsqu'il fut question de le recevoir chanoine de Notre-Dame de Paris; on le força de couper sa barbe. Antoine de Créqui, nommé à l'évêché d'Amiens, le 13 novembre 1564, par Charles IX, ne fut point admis à prendre possession, à cause de sa barbe, qu'il portoit fort longue. Enfin, le premier juillet 1561, la Sorbonne décida, malgré les habiles défenseurs Hotman [1] et Hervet [2], que la barbe étoit un

---

[1] Hotman, jurisconsulte célèbre, est né à Paris, en 1524 ; il prit parti pour les protestans, et mourut à Genève en 1590, où il fut obligé de se retirer.

[2] Gentieu Hervet, docteur de Sorbonne, né à Oli-

ornement ridicule, et contraire |à la modestie sacerdotale, *non deferant barbis et veniant tonsi.*

Par ce que St. Charles Borromé écrit à son ami Verceil, on voit qu'il fut un des premiers à se soumettre, et à faire le sacrifice de sa barbe, contre l'usage de laquelle il fut obligé ensuite de sévir dans toute l'étendue de son diocèse. « Non seulement je ne vous » plains pas, dit St. Charles, de ce que la » maladie vous a enlevé une partie de votre » barbe ; j'envierois, au contraire, votre sort, » si vous pouviez vous en défaire pour tou- « jours ; car j'aime tant de voir un visage sans » barbe, que moi, qui ai la coutume de tou- » cher souvent ma barbe, je ne puis souffrir » qu'elle soit longue ». On lit encore dans la vie du même personnage, qu'il se plaignit fortement du peu de cas que l'on faisoit de sa soumission, et de l'exemple qu'il donnoit aux autres. Cependant il parvint, par un décret du cinquième concile de Trente, tenu à Milan, en 1578, qui obligea tous les clers à se raser, à la faire suprimer entiérement dans

---

vet, dans l'Orléanais, en 1509, devint grand vicaire de Noyon et d'Orléans. Après s'être distingué au Concile de Trente, il mourut chanoine de Reims, en 1594, à l'âge de quatre-vingt-cinq ans.

son diocèse. *Barbæ radendæ institutum à patribus in concilio Carthaginensi sancitum, quodque ex summi pontificis Gregorii VII litteris antiquissimum esse perspeximus, jam olim in omni ferè ecclesiâ et in nostrâ hâc Ambrosinâ, ad hæc usque tempora (ut nos vidimus) à plerisque sacerdotibus antiquæ sanctioris disciplinæ studiosis conservatum, ac deinceps nostris litteris per nos ad usum consuetudinemque revocatum ; ità in perpetuum retineri præcipimus ac mandamus, ut unusquisque sacerdos et clericus, quocumque gradu dignitate vè præditus, barbam radat.* La guerre pour et contre la barbe, dura fort longtemps parmi les gens d'Eglise ; ils sont opiniâtres dans leurs volontés, et leur entêtement se fait remarquer jusque dans les plus petites choses. Sous Louis XIII, on voyoit encore des barbes dans le Clergé, malgré les ordonnances de la Sorbonne, quoique les séculiers en eussent abandonné l'usage depuis longtemps. Nous avons vu, même de nos jours, certains moines se pavaner avec leurs barbes, et tenir à orgueil de la porter, parce qu'elle les distinguoit des autres religieux. Cependant il est bon d'observer qu'il étoit de rigueur, même d'ordonnance, dans certains ordres, que les frères convers, dits frères barbus, *fratres barbati*, ou *fratres idiotæ*, portassent la barbe, notamment dans l'ordre de Cîteaux , de Grammont, des Prémontrés etc... On lit dans les statuts de ce dernier ordre, le pargraphe suivant , rendu contre cette sorte de religieux, qui firent rébellion pour ne plus porter la barbe , à l'exemple des clercs tonsurés. *In ecclesiis verò, in quibus conversi sunt adeò rebelles, quod nolunt cappas griseas et barbas ordinatas habere , de cætero non recipiantur conversi , donec recepti cappas griseas receperint , et barbas habuerint ordinatas.* (*Stat..ord.. Præm..dist.* 4 *, Cap. II.*) On voit clairement que ces frères furent condamnés à porter , non seulement la barbe , mais une chape de couleur grise, afin de n'être point confondus avec les religieux de l'ordre. Il seroit trop long de rapporter ici toutes les disputes qui eurent lieu parmi les frères convers , au sujet de la barbe ; il nous suffira , pour bien peindre cette espèce de gens-là , de terminer ceci , par la pièce suivante qui se lit dans la chronique de Lauresheim :

Nunc quoque barbati qui sint , attentiùs audi.
Sunt ergo laïci Miliensibus (monachis) associati ,
Quos risus populi dedit hoc magnoine fungi ,
Deformes , hirti , reverà moribus hirci ,
Barbis hircorum similes , larvis tragicorum ;
Quos quia vulgaris circumfert aura favoris ,

Tombeau de Diane de Poitiers

Austerâ facie sunt, et tonsi caput alta
Cautiùs incisis certoque tenore capillis,
Et sunt immensis induti calceamentis,
Amphibalis longis utentes et spatiosis ;
Quos quid habere putant, submissâ fronte salutant :
Gratia, pax vobis, benedicite, credite nobis,
Mille pater noster, demandat grex tibi noster,
Per venias centum verrunt barbis pavimentum,
Ut domini servos plebs mobilis æstimat ipsos ;
Verùm fallaces fore se produnt et inanes, etc....

N⁰ˢ. 466, 158 et 159.

Tombeau de Diane de Poitiers, tiré du Château d'Anet.

La statue en marbre et à genoux de Diane de Poitiers, duchesse de Valentinois, morte en 1566, est posée sur un sarcophage de marbre noir, revêtu des deux inscriptions ci-jointes, et porté par quatre têtes de sphynx, le tout posé sur un piédestal supporté par quatre figures de femmes.

Ce beau monument, dont j'ai acheté par ordre du ministre de l'intérieur les débris à Anet et dans les environs, étoit dans un état d'abandon tel, que les animaux les plus vils paissoient dedans. J'ai réuni, pour sa restauration, entiérement faite sur mes dessins, les morceaux les plus intéressans des artistes que

Diane de Poitiers avoit le plus affectionnés ; n'ayant pu me procurer le prie-Dieu qui étoit posé devant la statue, j'y ai substitué d'un côté un chien, symbole de la fidélité et l'un des attributs de Diane, conservant le flambeau de l'amour qui est encore allumé : de l'autre côté on voit Cupidon lui-même assis sur des volumes, écrivant la vie de cette femme illustre. Le sarcophage est posé sur un piédestal accompagné de quatre nymphes sculptées en bois, par Germain Pilon, qui paroissent supporter tout ce qui compose la partie supérieure de ce monument. Les émaux dont ce piédestal est orné, conviennent parfaitement à sa décoration ; d'un côté on voit François Ier., et de l'autre Henri II et Diane de Poitiers ; ces portraits sont entourés des las et des chiffres amoureux dont le roi faisoit orner tous les monumens érigés par ses ordres. (*Voyez* la description de ces peintures ci-après, sous les nos. 158 et 159, pag. 81). Les émaux placés dans le socle du piédestal, représentent des sujets de dévotion, exécutés à Limoges par Leonard, d'après les cartons de Raphaël.

EPITAPHES GRAVÉES SUR LE SARCOPHAGE DE DIANE DE POITIERS.

Hic tecum meditans paulisper, siste viator ;
Prole, opibusque potens, gelido tamen ecce Diana

Marmore proteritur, vermibus esca jacens.
Terra cadaver habet, sed mens, tellure relictá,
Morte novans vitam, regna beata petit.
Vixit an. LXVI, mens. III, dies XVII.
Obiit an. à Christo nato M. D. LXVI.
VI calend. maii.

Æternæ memoriæ
Dianæ Pictoniensis, ducissæ Valentinæ,
Lodoici Bresæi,
Apud Normanos senescalli,
Uxoris,
Pietate ac religionis integritate laudabilis,
Hujusque sacræ ædis conditricis,
Charissimæ matris pietissimæ filiæ
Lodoica, principis illustrissimi
Claudii Lotharæni, ducis Aumallæi;
Francisca, Roberti Markiani,
Strenuissimi ducis Buillonensis,
Conjuges,
Mæstissimæ posuerunt.

Louise de Brézé fit sculpter la statue de sa mère par Boudin, sculpteur très-peu connu, et la fit placer dans une chapelle située près du château à Anet. Cette Chapelle étoit connue sous le nom de *Chapelle de Diane*, parce que cette princesse l'avoit fait bâtir sous l'invocation de la Vierge. Elle fit un fonds de 400 livres tournois de rente qu'elle affecta annuellement

pour l'entretien de six chanoines, de deux
enfans de chœur et d'un clerc ; se réservant la
faculté de nommer à ces prébendes. Diane de
Poitiers fit. bâtir aussi une partie de la paroisse
d'Anet et fonda un hospice sous le titre d'*Hôtel-
Dieu*, pour nourrir et entretenir douze veuves
et six filles jusqu'à ce quelles vinssent à se
marier ou à s'établir d'une manière quelconque;
elle dota cette maison d'un fonds de 3oo livres
de rente, se réservant également le droit de
nommer les individus qu'elle vouloit faire parti-
ciper à cette fondation. Voici le portrait que
Brantôme nous a laissé de cette femme bienfai-
sante autant que célèbre «. Je l'a vis (dit l'auteur), six mois avant sa mort, si belle encore
que je ne sache cœur de rocher qui ne s'en fût
ému , quoique quelque temps auparavant elle
se fût rompu une jambe sur le pavé d'Orléans,
allant et se tenant à cheval aussi dextrement et
dispostement comme elle avoit jamais fait.
Mais le cheval tomba et glissa sous elle. Il auroit
semblé que cette rupture et les maux qu'elle
endura auroient dû changer sa belle face ;
point du tout. Sa beauté , sa grace et sa belle
apparence étoient toutes pareilles qu'elles
avoient toujours été. C'est dommage que la
terre couvre un aussi beau corps ; elle étoit
fort débonnaire, charitable et aumonière. Il

faut que le peuple de France prie Dieu qu'il ne vienne jamais favorite de roi plus mauvaise que celle là , ni plus malfaisante ».

GÉNÉALOGIE DE DIANE DE POITIERS.

	DE	ET DE	SONT ISSUS
LIGNE MASCULINE.	Pierre de Brézé	Jeanne Crespin	Jacques de Brézé.
	Jacques de Brézé	Charlotte de France	Louis de Brézé.
	Louis de Brézé	Diane de Poitiers	Louise de Brézé.
LIGNE FÉMININE.	Louise de Brézé	Claude de Lorraine	Charles de Lorraine
	Charles de Lorraine	Marie de Lorraine Elbeuf	Anne de Lorraine.
	Anne de Lorraine	Henri de Savoie-Nemours	Charles Amédée de Savoie
	Charles Amédée de Savoie	Elizabeth de Vendôme	Marie J. B. de Savoie Nemours
	Marie J.-B. de Savoie Nemours	Charles Emanuel , duc de Savoie	Victor-Amédée , duc de Savoie.
	Victor-Amédée , duc de Savoie	Anne d'Orléans	Marie – Adélaïde de Savoie.
	Marie – Adélaïde de Savoie	Louis , duc de Bourgogne	Louis XV , roi de France.
	Louis XV	Marie Anne de Pologne	Louis , Dauphin de France
	Louis Dauphin	Marie Joseph de Saxe	Louis XVI , roi de France.

Les deux grands tableaux en émail placés sur les grandes faces du mausolée de Diane de Poitiers , dont nous donnerons les gravures sous les n°s. 158, etc. [1], ont été fabriqués à Limoges , en 1553 , d'après les dessins de Primatice , par Leonard, auquel François Ier. confia la direction de cette manufacture, qu'il fit établir à ses

---

[1] Ces gravures seront l'objet d'un autre volume.

frais et sous sa protection immédiate. Ces deux tableaux sont divisés par compartimens, de manière qu'ils représentent plusieurs sujets dans un seul cadre. Dans le milieu du tableau qui est placé à la gauche du piédestal, on voit un calvaire peint dans un grand ovale, qui lui-même est orné d'un cadre aussi en émail et composé de dix petits camées rehaussés d'or sur des fonds bleus, dont huit représentent les quatre évangélistes, St. Pierre, St. Paul, St. Jacques et St. Jean; chacun d'eux est séparé par une salamandre. Le chiffre de François Ier., seulement exprimé par une F couronnée, compose les deux autres camées. Au dessus du grand ovale, on voit en médaillon d'un côté Jésus-Christ au jardin des oliviers, et de l'autre Jésus-Christ portant sa croix; au dessous, dans des médaillons, sont aussi représentés d'un côté François Ier. à genoux, vêtu de ses habits de cérémonie, et Claude de France sa femme, aussi à genoux devant un prie-Dieu. Quatre anges du plus beau dessin et de l'invention la plus ingénieuse, peints sur des fonds bleus, portent les attributs de la passion de Jésus-Christ, ferment les vides du tableau et concourent à l'ensemble de ce bel ouvrage.

Le second tableau, placé à droite du piédestal, est divisé et composé de la même manière que celui dont je viens de parler, L'ovale du milieu représente la résurrection de Jésus-Christ ; il est entouré d'un cadre chargé des chiffres de Diane de Poitiers et des attributs de la déesse de la chasse. Dans les médaillons supérieurs, on voit d'un côté Jésus-Christ porté au tombeau, et de l'autre Jésus-Christ en jardinier qui apparoît à Madeleine. Les deux médaillons du bas représentent le roi Henri II et la duchesse de Valentinois à genoux devant un prie-Dieu, et vêtus de leurs habits de cour. Quatre anges portent les attributs de la passion et remplissent les vides du cadre comme dans le précédent. Léonard de Limoges [1] a réuni dans ces tableaux que l'on place à côté des chefs-d'œuvre de nos plus grands maîtres, deux choses extrêmement rares à allier dans les arts dépendant du dessin ; c'est l'art d'unir à une conception vraiment sentimentale, un dessin gracieux, expressif, un travail correct et soigné. Léonard s'est surpassé dans l'exécution de ces morceaux qu'il fit pour les rois François Ier. et Henri II, qui les donnèrent comme *ex voto* à la Sainte-Chapelle de Paris : nous observerons que ces

---

[1] On le nommoit ainsi pour le distinguer de Léonard de Vinci, qui vint en France sous François Ier.

deux tableaux uniques sont les plus beaux qui soient sortis de la fabrique de Limoges. Les deux autres tableaux placés sur les faces du même monument, gravés sous le n°. 159, sont aussi de cette fabrique célèbre, mais exécutés sur les dessins de Jannet, peintre de portrait, particulièrement attaché à la Cour de Henri II, et à celle des rois ses fils. Le premier représente Henri II debout sous le costume et avec les attributs de l'apôtre Saint-Thomas. Dans le second, on voit l'amiral Chabot, aussi debout représenté en Saint Paul. Sur le premier on lit, par abréviation, *S.-Tho.*, et sur l'autre, *S-Pau.* Le tout est orné d'arabesques, des chiffres de Diane de Poitiers et des emblêmes de la chasse [1]. J'ai vu, il y a environ trois ans, chez M. Cave, ciseleur, demeurant à Paris, rue Calande, en face du Palais de Justice, neuf tableaux en émail de la fabrique de Limoges et de la main d'un élève de ce Leonard dont je viens de parler, représentant les Dieux de la fable, portant chacun quatre pieds huit pouces de haut, sur deux pieds six pouces de large et de forme ovale,

---

[1] On croit que Léonard de Limoges avoit représenté sous la figure des douze Apôtres, les personnages les plus célèbres des Cours de François Ier. et Henri II.

Fontaine d'Anet
Diane de Poitiers representée en Diane.

Ces tableaux extraordinaires pour leur volume, étoient composés de trois raccords, *c'est-à-dire, de trois cuites ;* Pierre Courtoys les avoit peints d'après les dessins de Primatice, par ordre de François Ier. qui vouloit en décorer son château de Madrid : ils ne furent achevés qu'en 1559 , l'année de la mort de Henri II. Sadeler, les a gravés de forme *in-8°*. J'ignore comment ces chefs-d'œuvre, qui devoient être une propriété du gouvernement, sont passés dans le commerce. Je proposai au ministre de l'intérieur qui vint les voir chez moi, d'en faire l'acquisition pour ce Musée ; j'avois le dessein d'en orner la chambre sépulcrale de Henri II : une commission d'artistes et de savans, composée de MM. Fourcroy, Sage, Vincent, David et Percier , fut chargée de les examiner ; mais les excessives prétentions de M. Cave arrêtèrent le desir où étoit le ministre d'obtempérer à ma demande. Un étranger les fit acheter et en priva la France.

N°. 467.

Dans le jardin Elysée, on voit au milieu d'un bassin un groupe , en marbre blanc , représentant Diane appuyée sur un cerf, et accompagnée de ses chiens Procion et Syrius , posé sur

une espèce de vaisseau aussi de marbre, orné
d'écrevisses, de crabes, des chiffres de Diane
de Poitiers et de Henri II : le tout composé
avec beaucoup d'art et exécuté avec une recherche extraordinaire. Ce vaisseau, groupé de
deux lévriers portés par un support de marbre
blanc, est décoré de petites arcades posées sur
un socle orné de quatre dauphins en plomb
qui jettent de l'eau par les narines. Ce morceau
unique et de la plus grande beauté, est un chef-
d'œuvre de Jean Goujon ; il représente aussi
Diane de Poitiers qui l'avoit fait placer dans
le milieu de son parc, à Anet, où il servoit
de fontaine [1].

Nᵒˢ. 449 et 450.

De Saint-Martin à Montmorency.

Mausolée érigé en l'honneur d'Anne de Montmorency, connétable de France. Ce magnifique

---

[1] J'ai fait restaurer ce beau monument que l'on avoit
porté à dix lieues au-delà d'Anet, après l'avoir coupé
en morceaux pour en retirer toutes les pièces de cuivre qui servoient au passage des eaux. J'ai fait modeler
et couler en plomb les chiens qui portent le vaisseau
et les quatre dauphins, par M. Beauvallet, sculpteur
statuaire, membre de l'ancienne Académie.

monument, fut commencé sur les dessins de Jean Bullant, par les ordres de François de Montmorency, mort au château d'Ecouen, en 1579. Henri de Montmorency son fils, après la mort de Jean Bullant, fit continuer le monument élevé à la mémoire de son grand-père, suivant les plans et les dessins qui avoient été fournis par ce grand artiste. Henri de Montmorency y faisoit encore travailler lorsqu'il fut décapité à Toulouse, le 30 octobre 1632, à l'âge de trente-sept ans, par ordre du Cardinal de Richelieu. Après sa mort, la terre de Montmorency passa à la maison de Condé, et le mausolée ne fut point achevé. Marie-Felix Des Ursins, veuve de Henri de Montmorency, illustre non seulement par sa famille, mais encore par sa vertu et ses qualités particulières, fit transporter son corps dans l'église de la Visitation de Moulins, et lui fit dresser un magnifique tombeau de marbre blanc dont l'exécution fut donnée à Anguier. Le maréchal [1] y est représenté armé de pied-en-cap, posé sur un sarcophage, dans le milieu duquel on voit un bas-relief représentant cette veuve inconsolable, placée entre

---

[1] Henri de Montmorency reçut le bâton de maréchal de France, après la victoire qu'il remporta en 1628, près Voillano, sur les Espagnols.

la Religion et la Charité , qu'elle semble inter-
céder tour à tour en faveur de son époux.
Voici l'inscription qu'elle fit graver sur le monument :

ÉPITAPHE DU DUC DE MONTMORENCY.

Cy-gist le grand Montmorency , grand de
naissance, pvisqv'il n'auoit qve des connétables
povr ancêtres : plvs grand de renommée , pvisqve la sienne faisoit tovs les jovrs le tovr dv
Monde de mesme qve le Soleil ; et très-grand
de mérite , pvisqv'on n'auoit point encore uev
vn homme plvs parfait. La natvre lvy fvt
prodigve de ses graces , la fortvne de ses fa-
uevrs , et la gloire de ses présens. Il estoit
l'ornement de nostre siècle , la merueille de
son âge , et l'admiration de tovs ensemble. Il
n'evt jamais de compagnon dans la gloire qv'il
remporta : il fvt tovjovrs sans riual dans l'estime qu'il méritoit, et il ne faisoit des enuieux
qve povr en faire à la fin des admiratevrs ; mais
après auoir dépevplé la terre de ses lavriers,
n'ayant plvs d'honnevr à sovhaiter, ny d'en-
nemy à uaincre, sa ualevr le trahit povr triom-
pher de lvy-mesme. Aprens tovtefois qve sa
mort fvt avssy belle qve sa uie , et qve si l'vne
a esté comblée de tovs les biens périssables ,
l'avtre lvy fait posséder des félicités qvi ne
finiront jamais. L'illustre Arthémize, sa digne
épovse , a consacré à sa mémoire ce mavzolée,

où elle s'est enseuelie auant qve de movrir,
pvisqve ses desirs et ses espérances gissent auec
lvy.

Le beau monument d'Anne de Montmorency,
que nous avons fait placer et restaurer dans le
jardin Elysée de ce Musée, est orné de dix
colonnes de marbre [1], élevées sur un soubassement circulaire en forme de piédestal. On voit
les figures en marbre du connétable et de sa
femme Madeleine de Savoie, couchées comme
sur un lit et placées sous un plafond demi-circulaire. Ces statues, exécutées en marbre blanc,
par Barthelemy Prieur, sont d'une correction
parfaite et d'une belle exécution. On voyoit,
avant la révolution, les figures en bronze du
connétable et de sa femme, représentées à genoux devant un prie-Dieu, que l'on avoit placées au dessus de l'entablement, elles ont été
enlevées en 1794, pour être fondues. [2]

---

[1] Il y avoit quatre colonnes de marbre *vert antique*
dans le nombre de celles qui décoroient le tombeau
d'Anne de Montmorency ; elles ont été enlevées pour
le Musée Napoléon, dont elles font aujourd'hui l'ornement ; je les ai remplacées par deux colonnes de marbre
noir et deux de marbre de Languedoc.

[2] J'ai remplacé la figure du connétable et celle de sa
femme par un guerrier en marbre, sculpté par Germain

Anne de Montmorency, guerrier intrépide, sauva la France sous François Ier.; en 1521, il défendit la ville de Mézières contre l'armée de Charles-Quint, et obligea le comte de Nassau à lever honteusement le siége. Après avoir reçu huit blessures dangereuses à la bataille de Saint-Denis, en 1567, ce vieillard, abandonné des siens dans cet état, rassembla le peu de force qui lui restoit, et, l'épée à la main, tua un officier ennemi ; Stuart, gentilhomme écossois, lui tira un coup de pistolet dans les reins ; il en mourut, après avoir cassé deux dents à son assassin ; il avoit alors soixante-quatorze ans. La gravure de ce monument fera l'ornement du prochain volume.

COSTUMES.

Le N°. 450 fait voir les statues couchées d'Anne de Montmorency et de Madeleine de Savoie, fille de René de Savoie, surnommé le grand comte de *Villards* et de *Tende*, grand maître de France et gouverneur de Provence.

Pilon, dont Prieur fut l'elève. Les figures que l'on voit sur les colonnes, viennent des acquisitions faites à Anet. Suivant le projet de Jean Bullant, elles devoient être fondues en bronze, et représenter des Vertus ; mais la mort du dernier Montmorency, dont je viens de parler, en arrêta l'exécution.

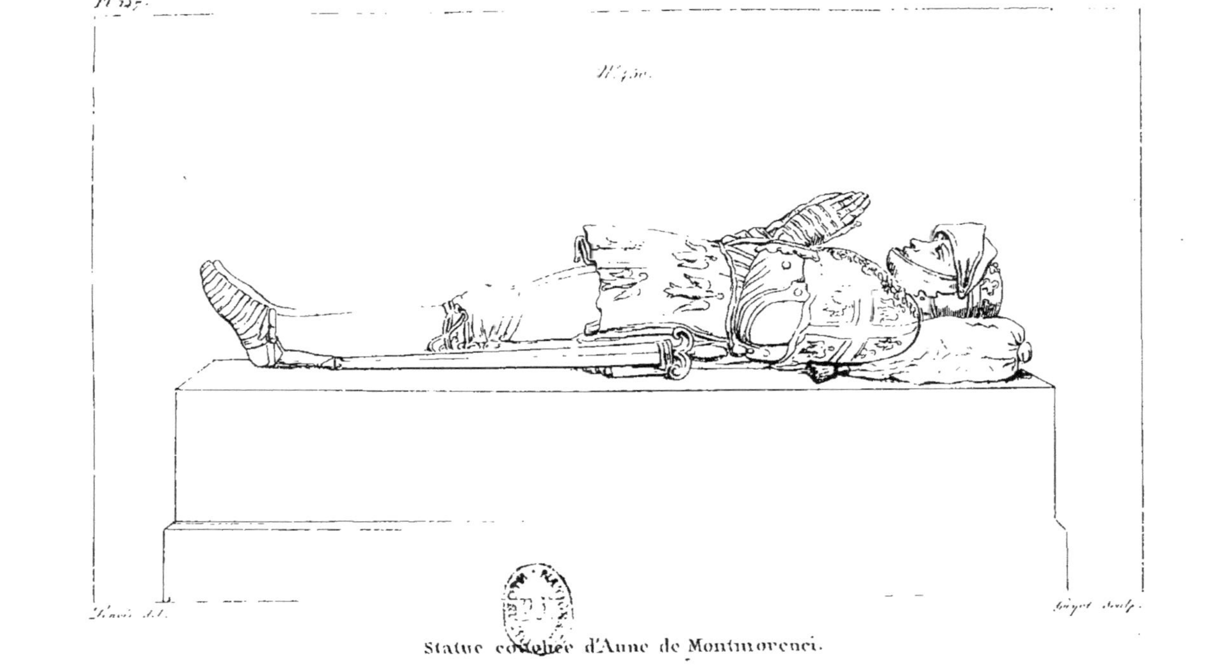

Statue couchée d'Anne de Montmorenci.

Ces figures, dont on admire avec raison la beauté du travail, nous montrent, d'abord par celle du connétable, que Prieur a représenté dans la vigueur de l'âge, un développement complet de l'habit de guerre de ce temps-là ; et par la seconde, celui de l'habit des femmes veuves. Nous avons cru devoir ajouter à ces gravures, celles de plusieurs casques conservés dans le Musée sous le numéro 450 (*bis*), pour mettre les artistes et les amateurs à même de les comparer avec les monumens, et de juger de la richesse que l'on mettoit dans toutes les productions du seizième siècle [1]. Les chevaliers qui perdoient la vie dans les combats, étoient représentés sur leurs tombeaux, armés

---

[1] Je me suis procuré, de M. Sellier, marchand, rue de Seine, une collection de casques, de cuirasses, de boucliers, etc., du seizième siècle, parmi lesquels s'est trouvée l'armure complète de Henri III. Elle représente, en relief, des batailles et des ornemens d'une composition riche et d'une exécution parfaite ; le tout a été doré et ciselé avec la plus grande magnificence. J'espère faire nétoyer sous peu ce chef-d'œuvre, le monter, afin d'en faire jouir les artistes, etc. On voit dans l'une des gravures que je donne, celle du casque qui fait partie de l'armure dont je parle. M. Sellier avoit acheté ces armures à la vente de M. Julliot, qui en avoit formé une très-belle collection.

de toutes pièces , le casque en tête , l'épée au
côté avec les éperons à la chaussure et les gantelets aux mains. Ceux qui , après avoir reçu
une blessure mortelle , ne mouroient pas sur
le champ de bataille , étoient représentés armés d'une cuirasse , la tête nue , le casque et
les gantelets à côté d'eux.

N°. 468 , 469 et 469 (*bis*) [1].

Les gravures que l'on voit sous ces numéros, représentent les mausolées qui furent élevés
en l'honneur des artistes célèbres , Philibert
de Lorme et Jean Bullant. Le premier que
l'on voit sur la planche, est celui de Philibert
de Lorme , architecte célèbre , né à Lyon,
dans le commencement du seizième siècle , et
qui mourut en 1570 , après avoir laissé des
monumens d'architecture fort estimés et un
ouvrage sur la pratique de son art et sur la
coupe des charpentes. Le portail du château
d'Anet, les mausolées de François Ier. et de
Henri II, que l'on admire dans ce Musée, sont
des productions de Philibert de Lorme. Primatice, comme je l'ai dit plus haut , fut chargé,

---

[1] Je donnerai les gravures de ces monumens dans le
prochain volume.

après la mort de Philibert de Lorme, de l'intendance des bâtimens du roi, et de faire terminer le tombeau de Henri II, dont Philibert n'avoit encore pu faire jeter que les fondemens (*voyez* les Mémoires de la Chambre des Comptes que j'ai donnés, tome III, page 75). Nous avons décoré notre cénotaphe du portrait de Philibert de Lorme, avec cette inscription : *A la mémoire de Philibert de l'Orme, qui a restauré l'architecture en France*; *il mourut à Paris, en* 1570 ; et nous avons orné le tombeau de cet artiste de deux Renommées sculptées par Jean Goujon, décrites dans les catalogues que j'ai publiés sous le N°. 468. Ces deux figures, d'un dessin élégant, ornoient les archivoltes d'une des portes du château d'Anet. Le second, numéroté 469 (*bis*), est celui qui fut élevé à Jean Bullant, sculpteur et architecte; sur un piédestal en marbre blanc, sont posés debout deux génies sculptés en albâtre, par Germain Pilon, soutenant une inscription en forme de cœur, gravée sur un marbre campan rouge, et ainsi conçue : *A la mémoire de Jean Bullant, sculpteur et architecte français, mort en* 1578 ; au dessus on voit le buste de cet artiste, sculpté en marbre blanc et posé sur un fond de même marbre, avec cette légende : *Il s'éleva par la force de son génie* ; ce qui suit est gravé sur le piédestal : *Jean Bullant a bâti le beau château d'Ecouen et plusieurs palais pour Anne de Montmorency, connétable de France.* On attribue au talent de Jean Bullant une partie du château des Tuileries, et la colonne de Médicis, qui se voit encore aujourd'hui à la halle au bled : elle fut élevée en 1572, pour servir à des observations astronomiques ; on en a fait depuis une fontaine publique. Philibert de Lorme et Jean Bullant travaillèrent d'un commun accord à ces deux monumens. Le célèbre du Cerceau termina le bel hôtel de Carnavalet, rue Culture-Sainte-Catherine, qui avoit été commencé sur les dessins de Jean Bullant. On voit encore dans ce monument des sculptures de Jean Goujon, de la plus grande beauté, que M. Baltard, architecte, se propose de publier dans son bel ouvrage intitulé *Paris et ses Monumens.*

N°. 105.

Des Célestins.

Une colonne torse, ornée de lauriers et de feuilles de vigne, haute de neuf pieds sur quinze pouces de diamètre, érigée en l'honneur d'Anne de Montmorency , dont elle portoit le cœur. Ce chef-d'œuvre , composé par Jean Bullant, est l'ouvrage de Barthelemy Prieur, que le connétable Anne de Montmorency aimoit et protégeoit, et qui mit vingt ans à sculpter ce monument, pris dans un seul bloc de marbre. La statue en bronze qui couronne le sommet du chapiteau, représente la Justice.

Ce monument, avant la révolution, étoit composé de trois piédestaux étroits séparés par deux grilles de fer et couronnés par une pièce de marbre demi-circulaire de mauvais goût : chacun des piédestaux portoit une statue en bronze. Celle dont je viens de parler, représentant la Justice, étoit placée au bas dé la colonne qui s'élevoit au milieu du monument ; les autres , montées sur leurs piédestaux placés de chaque côté, représentent la Paix et l'Abondance ; elles sont placées dans le salle du XVIe. siècle, sous le N°. 112. Les prodigieuses dégradations que ce monument a éprouvées autant par un déplacement peu soigné, que par les corps étrangers que le constructeur qui l'avoit primitivement mis en place a introduits dans le marbre, m'ont empêché de le rétablir selon sa premièr forme. J'ai en conséquence fait établir le piédestal

que l'on voit ici pour soutenir cette belle colonne, avec les débris seuls du monument que
l'on a mis à ma disposition ; l'épée de connétable et les autres détails précieux en marbre
blanc, incrustés dans le marbre campan isabelle,
sont sculptés par Prieur. Les inscriptions qui
ornent la seconde face du monument, sont
formées de petites lettres gravées dans un marbre noir , et présentent une grande difficulté
vaincue, à cause de leur extrême finesse.
Voici ce qu'on lit sur la principale face de ce
socle :

> Ci-dessous gist un cœur plein de vaillance ,
> Un cœur d'honneur , un cœur qui tout savoit ;
> Cœur de vertus qui mille cœurs avoit ,
> Cœur de trois rois et de toute la France.
> Cy gist ce cœur qui fut notre assurance ,
> Cœur qui de cœur de justice vivoit ,
> Cœur qui de force et de conseil servoit ,
> Cœur que le ciel honora dès l'enfance ,
> Cœur, non jamais , ni trop haut , ni remis.
> Le cœur des siens , l'effroi des ennemis ,
> Cœur qui fut cœur du roi Henri son maître ;
> Roi qui voulut qu'un sépulcre commun
> Les enfermât après leur mort, pour être
> Comme en vivant , deux mêmes cœurs en un.

AUTRE DANS LE MÊME GENRE.

Ici repose un cœur où nul vice du monde
Ne sut oncques acquérir la force de germer,

Non plus qu'on dit qu'en Crête, isle riche et féconde,
Rien qui soit venimeux ne sauroit se former.
Les plus rares vertus dont on prise l'exemple ,
Logeoient dedans ce cœur, en un corps jeune et beau;
Mais ainsi que vivant il leur servoit de temple,
Maintenant qu'il est mort, il leur sert de tombeau.
Car alors qu'il mourut aussi moururent-elles ;
Et dans lui pour jamais s'enterrèrent en deuil ,
Ne pouvant vivre ailleurs en ces pleines mortelles ,
Et ne se voulant pas choisir d'autre cerceuil.
Non , je faux, les vertus d'une ame si parfaite
N'ont point senti le coup que donne le trépas ,
Ains vivent d'une vie à la mort non sujète,
Et la font elle-même vivre encore ici bas.
Pour le moins leur mémoire incessamment vivante
La maintient immortelle au cœur de son époux;
Ce qui, bien que la perte en soit triste et cuisante ,
Le nom ne laisse pas d'en être cher et doux.
Aussi portant en l'ame une juste tristesse ,
De voir que cette tombe enferme tout son bien ,
Il donne ses soupirs au regret qui le blesse ,
Et grave sur ce cœur les paroles du sien ;
Paroles qui font voir que rien ne le contente,
Sinon le souvenir de leurs aimables feux,
Et que dedans ce vase où , trompant son attente ,
La mort n'a mis qu'un cœur , l'amour en loge deux.

On trouve dans le style de ces inscriptions
touchantes la naïveté du temps et une douce
sensibilité dans les idées. Celle-ci se lisoit encore en 1785, dans l'église de Sainte-Maure ,
à Tours. On ignore dans la ville le personnage

en l'honneur duquel elle fut élevée, on sait
seulement qu'elle fut posée en 1580. Sur la
seconde face du monument, on lit l'inscription latine que voici.

Asta , viator , non leve pretium moræ ,
Hoc grande parvo cor duplex jacet loco
Regis ducisque , Regis Henrici , Ducis
Mommoranty Annæ , per gradus qui singulos ,
Ad militaris ordinis fastigium
Pervenit , et res maximas sub maximis
Domi forisque regibus gessit tribus ,
Francisco et Henrico ultimoque Carolo.
Sed præcipua quò singularis et fides ,
Inter Ducemque Regem et Henricum foret.
Testata , corda jussit amborum simul
Rex ipse poni , pignus haud dubitabile ,
Quòd juncta eorum vita perpetuò fuit ,
Híc juncta quorum mors habèt vitalia.

Voici celle qui est gravée sur la troisième
face.

D. O. M. S.

SISTE PARUM,

ET AUDI, VIATOR.

In ANNA *Duce* MONTMORANTIO *tanta fuit rei*
militaris scientia , et in tractandis , et explicandis
negotiis vigilantia, ut paulatim , tanquàm per scalarum
gradus , virtutis ergo ascensum sibi ad honoris altissi-
mum gradum paraverit. Quem , dùm vixit , tenuit
honorificentissimè , cum Henrici secundi Regis poten-
tissimi approbutione maximá , qui eam ipsam amplis-

simè, quam à Rege Francisco patre consecutus erat Annâ, dignitatem augere si potuisset cogitabat, ut incomparabilem et penè inauditum suum erga clarissimum virum amorem declararet; et si plerique, eique principes viri, imminuere quibus poterant artificiis conarentur, augebat tameu obtrectatio amorem, ut nihil penitùs de jure publico au privato statueret, quod Annæ non probaretur, ut jàm unum animum in duobus corporibus facilè cerneres. Quæ voluntatem et animorum summa conjunctio, ut posteris monumento innotesceret memorabili, voluit Henricus amborum corda in eâdem jacere æde, igitur consentientibus Carolo nono, et Catharinâ reginâ, matre ejus, lectissima fœmina Magdalena conjux, et Franciscus filius piissimus mœrentes. P. P.

Anne de Montmorency, second fils de Guillaume de Montmorency, fut élevé en 1515, auprès de François Ier., sous le titre d'enfant d'honneur. En 1521, il défendit avec succès la ville de Mézières, contre Charles-Quint, en fit lever le siége, et reçut de François Ier., à titre de récompense, le bâton de maréchal et l'épée de connétable, en 1538. Cette famille faisoit remonter son origine aux premières époques de la monarchie, avec le titre de *premiers barons de France*. On ajoute que le premier de la lignée, ayant traité d'alliance avec Clovis, après son baptême, prit le titre de premier chevalier chrétien, avec cette

devise : *Dieu aide au premier chrétien.* Cependant le premier de ce nom, connu sous le
nom de Mathieu de Montmorency, mourut
en 1260, il fut connétable sous le roi Philippe
Auguste. *Voyez* le Tableau chronologique des
connétables de France, que j'ai donné, tome II,
page 78.

Tout le mérite d'Anne de Montmorency
étoit la valeur; il ne savoit ni lire, ni écrire :
sa bravoure lui tenoit lieu de tout; religieux
sans instruction, son ignorance le rendoit fanatique, intolérant et cruel. Il fut zélé persé-
cuteur des chrétiens protestans, et le premier
chevalier chrétien disoit qu'il ne falloit qu'une
religion en France, et qu'on devoit tuer tous
ceux qu'on ne pouvoit pas convertir. Voici ce
qu'on lit dans Brantôme sur ce pieux despote.
« Le connétable de Montmorency ne man-
quoit jamais à ses dévotions et à ses prières ;
tous les matins il ne failloit de dire et entretenir ses patenôtres par les champs, aux armées ,
parmi lesquelles on disoit qu'il falloit se garder
des patenôtres du connétable ; car en les disant et marmottant, lorsque les occasions se
présentoient, comme force débordemens et
désordres y arrivent maintenant, il disoit :
*Allez-moi pendre un tel ; attachez celui-là à
un arbre ; faites passer celui-là par les piques*

ou les arquebuses , devant *moi ; taillez-moi
en pièces tous ces marauds qui ont voulu tenir
ce clocher contre le roi ; brulez-moi ce village ;
boutez-moi le feu partout à un quart de lieue
à la ronde :* et ainsi , tels et semblables propos de justice ou police de guerre proféroit-il,
sans s'en débaucher nullement de ses *paters*
qu'il ne les eût parachevés, pensant faire une
grande erreur s'il les eût remis à dire à une
autre heure , tant il y étoit conscientieux. Il
jeûnoit tous les vendredis. Quand il voyoit faire
des fautes , ou qu'on bronchoit devant lui , il
le savoit bien relever. Oh ! comment il repas-
soit les capitaines , quand ils failloient à leurs
charges , et qu'ils vouloient faire les suffisans ;
et messieurs les conseillers et présidens , et
gens de justice , quand ils avoient fait quelques pas de clerc , la moindre qualité qu'il
leur donnoit, c'est qu'il les appeloit *ânes ,
veaux et sots :* il avoit mérité le surnom de
capitaine brûle-banc , depuis qu'à la tête d'un
corps de troupe , il étoit venu brûler , dans
les faubourgs de Paris, les temples où se te-
noient les prêches huguenots. Quand il étoit
question de religion , il n'étoit plus qu'un soldat ; il ne connoissoit plus ni parens , ni amis,
ni famille. « Anne de Montmorency (dit
l'abbé de Longuerue) étoit un vrai cacique et

capitaine de sauvages , dur, barbare, prenant plaisir à rabrouer tout le monde, se croyant grand capitaine et ne l'étant point ; toujours battu et souvent prisonnier. Il avoit communiqué son orgueil à ses fils. *Son papisme* ne l'avoit pas empêché de s'unir aux Coligny , quand il y avoit trouvé son compte. »

M. Millin nous a donné , dans son excellent ouvrage , sur les antiquités nationales , quelque traits faits pour peindre d'une manière frappante le caractère du premier chevalier chrétien que certains écrivains ont eu la bassesse d'appeler le *Caton de la Cour* , nous les rapporterons ici et nous renverrons nos lecteurs , pour plus de renseignemens sur ce personnage , à l'Histoire critique de la noblesse par Dulaure (pag. 197). « Henri II avoit envoyé Anne de Montmorency à Bordeaux , dit M. Millin , à la tête d'une armée , pour pacifier, conjointement avec le duc d'Aumal , les révoltes qui s'étoient élevées dans cette ville , à cause des gabelles et des greniers à sel que François Ier. y avoit établis , et des violences qu'un nombre infini d'officiers et de satellites commettoient à cette occasion sur le pauvre peuple (*Mézerai*, tome III , page 9). Il arrive : quoique les portes fussent ouvertes, qu'on eût été au devant de lui pour le complimenter, qu'on eût tapissé les rues pour le recevoir plus honorablement, il voulut agir en ennemi, et n'entrer dans la ville que par la brêche. Après cette ridicule et barbare formalité, il fit pointer le canon dans les principales rues; il obligea les habitans à lui remettre toutes les armes qu'ils possédoient, fit briser toutes les cloches, enlever à la ville tous les titres qui constatoient ses priviléges, et interdit le Parlement par une commission de juges, ou plutôt de condamnateurs qu'il avoit amenés. Il fit faire le procès à la ville, fit condamner, de dix en dix maisons, un Bordelais à être pendu : presque tous les officiers municipaux à périr sur l'échafaud; et plusieurs furent juridiquement sacrifiés. Telle étoit la justice d'un despote, voici l'action d'un brigand. »

« Parmi les magistrats condamnés à la mort, étoit un nommé *Lestonat ;* sa femme, jeune et belle, vint se jeter aux pieds du connétable, et lui demander en pleurant la grace de son mari. Le *catholique papiste* Anne de Montmorency, plus touché de la beauté que de la douleur de cette femme, lui fit entendre que la grace qu'elle sollicitoit dépendoit de la perte de son honneur : elle crut devoir accepter cette outrageante proposition, et s'immoler elle-même pour sauver son époux. Le connétable, après avoir passé la nuit avec cette malheureuse, la conduisit à sa fenêtre et lui montra son mari qu'il avoit fait périr et dont le corps mort étoit pendu à une potence ».

N°. 451 et 120 [1].

Chapelle sépulcrale d'Anne de Montmorency.

Anne de Montmorency fit bâtir à Ecouen, près la vallée de Montmorency, à cinq lieues de Paris et sur une hauteur, un palais qui ne le cédoit point en magnificence à ceux de nos rois. La grandeur du plan, la noblesse du style de l'architecture, la beauté et la richesse des détails, ont placé ce monument au rang des chefs-d'œuvre du seizième siècle. Le connétable mit beaucoup d'importance et de recherches dans l'exécution de ce palais, qui présentoit encore, peu de temps avant la révolution, un luxe imposant. Il le fit orner à l'extérieur, des plus belles sculptures, des chiffres de Diane de Poitiers et de Henri II, et du mot *Aplanos* qu'il avoit pris pour devise

----

[1] On donnera la gravure de ce monument dans le prochain volume.

et qui se trouve gravé ou sculpté et répété partout.
Ce château magnifique, admirable jusque dans
ses moindres détails, a été composé et entièrement bâti par Jean Bullant, architecte et
sculpteur , dont j'ai parlé page 94 : il excite
encore la curiosité des amis des arts, et les
jeunes artistes s'y rendent, comme en pélerinage, pour honorer la mémoire de son auteur
et consulter son ouvrage. La gravure de la chapelle que l'on voit ici, donne une légère idée
des talens de Bullant dans l'un et l'autre art
qu'il possédoit éminemment. Elle sera en même
temps, pour ceux qui ne connoissent point le
beau château d'Ecouen, une esquisse qui les
mettra à même d'en apprécier la beauté et les
détails. Je dis esquisse, parce que ce morceau
n'est effectivement qu'un détail de la grande
chapelle , qui n'est elle-même qu'un détail du
palais, quoiqu'elle soit très-vaste et très-élevée.
Elle présente une belle proportion et des ornemens précieux ; elle étoit ornée d'une boiserie
de la plus grande beauté, de sculptures faites
par Jean Bullant lui-même , et de marqueterie
charmante, d'un dessin extrêmement élégant. Cette boiserie, par un mal entendu, a
été déplacée et transportée au Musée des arts
et métiers. J'ose espérer qu'elle rentrera dans
ce Musée , auquel elle doit appartenir ; j'en

donnerai les gravures dans un autre ouvrage que je me propose de publier. L'autel d'Ecouen est unique pour la correction du dessin et la précision de ses sculptures ; son style est sévère, sans être dénué de grace ; il est délicat , sans être mou. L'autel est orné de quatre colonnes de marbre noir , de huit bas-reliefs , de chiffres et d'entrelas. Le bas-relief en marbre blanc du retable , représente le sacrifice d'Abraham ; ceux qui décorent la face de l'autel, représentent les quatre Evangélistes, la Foi , la Religion et la Force. Cette sculpture magnifique passe pour être de la main de Bullant **,** ami particulier de Jean Goujon , dont il avoit reçu des leçons de sculpture. On ne sera pas éloigné de ce sentiment , si l'on observe les rapports d'harmonie qu'il y a dans la sculpture et l'architecture de ce chef-d'œuvre. Les statues d'Anne de Montmorency et de Magdeleine Tende sa femme , sont représentées couchées et posées sur l'avant-corps du monument, et au dessus de la corniche, on voit une statue en marbre blanc, représentant le génie de l'étude , décrit dans les catalogues que j'ai publiés sous le N°. 120. L'expression vraie, l'attitude naïve et l'exécution simple qui concourent à l'ensemble de cette statue , rappellent parfaitement la manière de faire des statuaires grecs. Placée originairement dans le trésor de Saint-Denis, on croit qu'elle avoit été exécutée pour le mausolée du connétable de Bourbon, dont l'exécution fut arrêtée par des circonstances particulières. L'auteur de ce morceau que l'on peut considérer comme un chef-d'œuvre, nous est inconnu. Des connoisseurs l'attribuent à Perrin Vinci, neveu et élève du grand Léonard de Vinci, qui lui donna des leçons de sculpture, art auquel Perrin Vinci s'adonna plus particuliérement, et dans lequel il excelloit : on croit aussi y reconnoître la manière de Nicolo, qui fut appelé en France, en 1552, par le roi Henri II : *Messir Nicolo-del-Abbate*, est son véritable nom ; il est né à Modène en 1512 et mourut à Paris dans un âge fort avancé. Il commença à modeler et à sculpter chez Bigarelli, sculpteur modénois ; il passa ensuite chez Primatice, qui lui donna des leçons de peinture. Nicolo devint très-habile et se fixa définitivement à Paris. Nous avons cru pouvoir nous servir de cette belle statue pour remplacer celle qui ornoit la chapelle du connétable Anne de Montmorency, qui a été détruite ; d'un côté on voit le casque du connétable, et de l'autre, ses gantelets posés sur des coussins, sculptés par Jean Bullant.

N°. 106 [1].

Des Célestins.

Une colonne de marbre blanc, d'ordre composite, haute de dix pieds six pouces, diamètre de quatorze pouces, ornée de couronnes et de chiffres, élevée à Timoléon Cossé, comte de Brissac, enfant d'honneur de Charles IX et fils d'Artus de Cossé, gouverneur de Metz, qu'il défendit, en 1552, des attaques de l'Empereur. Artus de Cossé reçut le bâton de maréchal de France en 1567. On lui avoit donné le surnom de *Maréchal des bouteilles*, parce qu'il aimoit beaucoup à boire et à faire bonne chère. Il mourut en 1582, après avoir reçu l'ordre du Saint-Esprit des mains de Henri III. Le chapiteau de cette colonne, composé et travaillé dans le goût de ceux que l'on voit à Rome au temple d'Auguste, est orné de quatre aigles, et non pas de pigeons, comme le prétend M. Millin, qui pense que le sculpteur avoit placé cet oiseau dans cet ornement, par allusion au surnom de *pigeon*, que l'on avoit donné à Timoleon de Cossé,

---

[1] La gravure de ce monument fera l'ornement du volume suivant.

dans l'enfance, à cause de son air doucereux. Suivant Brantôme, sous l'extérieur le plus doux, il cachoit un cœur féroce. « Car il faut dire que c'estoit le jeune homme qui aimoit autant à manier son épée et en tirer du sang, et un peu trop, certes, ainsi que je l'ai vu, et aucuns de nous autres ses amis, qui le lui disions, car il estoit cruel au combat, et prompt à y aller et à tuer, et aimoit cela jusques-là, qu'avec sa dague, il se plaisoit de s'acharner sur une personne, à lui en donner des coups jusques-là, que le sang lui en rejaillissoit sur le visage. Cas étrange pourtant que ce brave Brissac se montroit doux par son visage beau, délicat et féminin, et estoit dans le cœur si cruel et si altéré de sang » (Brantôme, *Vie des grands Capitaines*, tome *III*, page 414). Il mourut en 1569, à l'âge de 26 ans, d'un coup d'arquebuse, qu'il reçut entre les deux yeux, au siége de Mucidan, dans le Périgord. Charles IX ordonna que son corps fût transporté à Paris pour être déposé dans l'église des Célestins. Les épitaphes suivantes ornoient sa sépulture.

TIMOLEONTI COSSŒO.

Utriusque pro patruo comiti Brissaci, magistro peditum, trium cádem ex gente Marescallorum Franciœ,

filio, fratri, nepoti. Suorum deliciis, hostium terrori,
qui post multas victorias ad Mucidanum occisus,
anno salutis M. D. LXIX. œtatis suœ XXVI hic
situs est.

On lisoit les vers suivans sur un tableau qui étoit placé sur la muraille, près de cette colonne.

> Sous ce tombeau gist ce preux chevalier,
> Timoléon, cet heureux capitaine,
> Dit de Brissac : ce ferme bouclier
> Et protecteur de l'Eglise Romaine,
> Duquel l'ardeur et constance hautaine,
> Le cœur vaillant et le noble courage
> En sa tendreur s'est montré martial,
> Lorsqu'il poursuit l'ennemi, plein de rage,
> Et pour son roi, pour le sceptre royal,
> Pour son pays, pour la foi catholique,
> S'est hasardé tant que d'un coup fatal
> Est mort, tué par un lâche hérétique.

L'OMBRE.

> Suis-je mort ? Oui ; non, je suis vif encore,
> Puisque mon nom court et bruit en tous lieux,
> Le roi mon corps près ses princes décore,
> Dieu mon esprit a rendu glorieux.

Les deux vers suivans, composés par Jodelle, étoient ainsi figurés au bas du tableau :

Pl. 149.

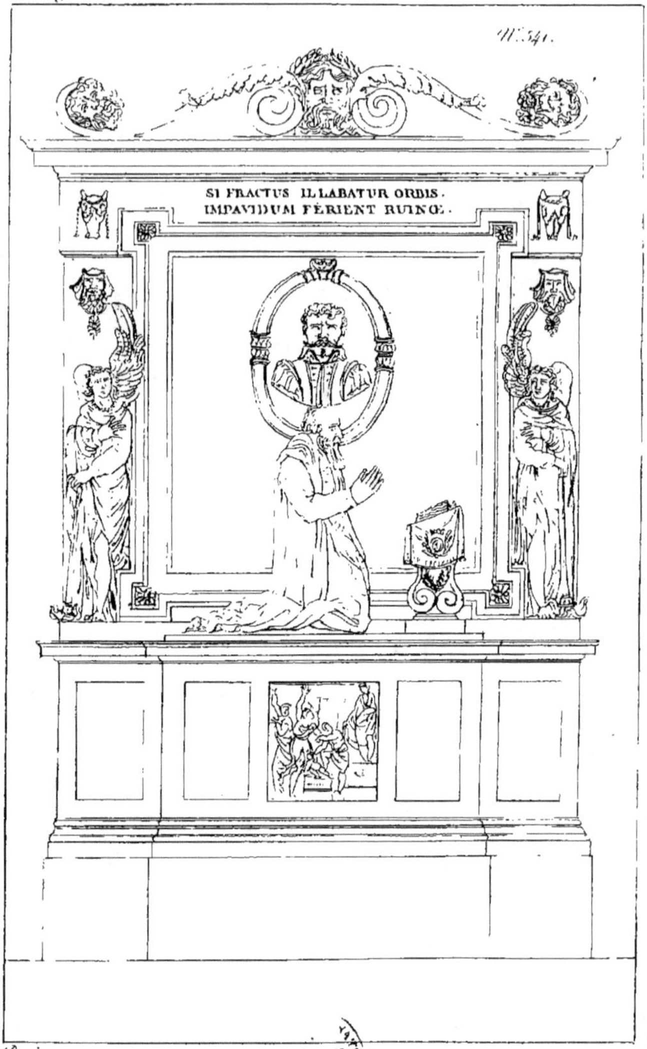

Percier.

Mausolée de Michel de l'Hospital
Chancelier de France.

Hæc tibi do , struitur dùm cippus marmore donis ,
Marmora fortè putes cedere prisca meis.

JODELIUS.

N°. 541.

Mausolée du chancelier de l'Hôpital, qui lui fut élevé dans la paroisse de Vignai. On voit la statue en marbre et à genoux du chancelier, posée sur un cénotaphe en forme de piédestal, dans lequel est placé un bas-relief aussi de marbre, et dans le style antique, représentant le Jugement de Salomon. Dans l'arrière corps du monument entiérement restauré sur mes dessins, on voit deux figures ailées posées debout en forme de caryatides, sculptées en albâtre, par Germain Pilon ; elles paroissent soutenir un cadre dans lequel est enfermé le buste en marbre de Michel Hurault de l'Hôpital son petit-fils. J'ai fait graver dans la frise de marbre noir qui couronne ce monument, les vers ci-après que l'Hôpital avoit pris pour devise [1] :

Si fractus illabatur orbis,
Impavidum ferient ruinæ.

---

[1] Ce monument avoit tellement souffert des ravages révolutionnaires , que c'est avec la plus grande peine que je suis parvenu à le restaurer. Le citoyen Beauvallet, sculpteur , mérite des éloges pour la restauration des sculptures qui décorent ce mausolée.

Michel de l'Hôpital, seigneur de Vignai, chancelier de France en 1560, un des plus grands hommes dont la France s'honore, est né en 1504, à Aigueperse en Auvergne, et mourut à Vignai, près Estampes, le 13 mars 1573. Il étoit fils de Jean de l'Hôpital, premier médecin du connétable de Bourbon, et dut son élévation plutôt à son mérite personnel qu'à la faveur dont il jouissoit auprès de la duchesse de Bourgogne et des cardinaux de Lorraine et de Grammont. Après la mort de François Olivier, qui arriva en 1560, Catherine de Médicis lui donna la charge de chancelier de France ; il se montra, dans cette place, autant homme vertueux que magistrat éclairé. L'Hôpital, à la fois philosophe profond et grand politique, sut résister au torrent des passions qui agitoient alors les catholiques romains et les catholiques protestans ; tenant dans ses mains la balance et le glaive de la justice, *il s'efforçoit d'adoucir le mal qu'il ne pouvoit guérir*, cherchant d'un côté à raprocher les esprits par une douce éloquence et par un sentiment de philantropie qui lui étoit naturel ; opposant de l'autre le courage et la fermeté d'un homme intègre. Il étoit craint de la Cour et respecté des gens de biens. Lorsque la conspiration d'Amboise éclata, l'avis de l'Hôpital fut de demander le pardon de ceux qu'un faux zèle avoit entraînés dans ce parti (*voyez Mézerai, tome III*, *page* 69). La même année il arrêta, par un édit sage, l'établissement en France de l'*Inquisition* : cet édit célèbre est connu sous le nom d'*édit de Romorantin*. Il eut le courage d'opposer au fanatisme le plus cruel et aux feux dévorans de la guerre civile qui embrasoient alors nos provinces, une philosophie saine, une humanité sans bornes et une sagesse à toute épreuve. Le cardinal Bertrand s'avisa de l'accuser d'*hérésie* : c'étoit le mot à la mode dont les papistes se servoient pour perdre ceux auxquels ils en vouloient. La reine mère le rendit suspect au roi qui lui envoya demander les sceaux, en 1568, avec réserve pourtant des titres, honneurs et émolumens attachés à cette dignité. Enfin l'Hôpital, après avoir inutilement employé tous les moyens d'un littérateur savant, employé toutes les ressources que lui donnoit sa place, pour arrêter l'affreux et horrible complot de la Saint-Barthelemy, se retira dans sa maison de Vignai et rendit les sceaux en disant : *Que les affaires du monde étoient trop corrompues pour qu'il pût encore s'en mêler.* Il mourut peu de temps après, à l'âge de 68 ans.

« C'étoit un homme d'un grand esprit et

d'une haute vertu , dit de Thou (*livre XXIV de son Histoire*), qui s'opposoit constamment avec beaucoup de force et de fermeté à l'ambition et à l'avarice qui se glissoient dans la Cour et les Parlemens. « Messieurs , disoit l'Hôpital dans sa Mercuriale à celui de Bordeaux , le roi n'est venu en ce pays pour voir le monde , comme aucuns le disent , mais bien pour s'informer avec ses serviteurs comme tout s'y passe. Il s'est enquis de son peuple et de sa justice , et il a trouvé beaucoup de fautes en ce Parlement , lequel étant plus derniérement institué , vous avez moindre excuse , et toutefois vous êtes aussi débauchés que les vieux.... Il y a ici beaucoup de gens de bien , desquels les opinions ne sont point suivies ; elles ne se prisent pas , mais se comptent. Enfin , voici une maison mal réglée.... Il y en a qui prennent de l'argent pour bailler des audiences , et quand on leur reproche , ils répondent : *C'est bien pis à la Cour : et c'est là que sont les gros larrons.* Nous le savons bien , mais parce que c'est mal là ce n'est pas meilleur ici...... Vous faites des procès de commissaires tels que vous voulez : et si , au bout de l'an , n'en êtes guères plus riches ; car le luxe dissipe ce que le vice a ramassé ; enfin , Messieurs , c'est ici la maison du roi et de sa justice , rendez-la à la décharge de sa conscience ; si vous ne faites votre devoir , elle tombera bientôt en ruine ».

En 1566 , dans l'assemblée tenue à Moulins , l'Hôpital proposa des réglemens pour que la justice fût rendue avec plus d'exactitude. Son projet tendoit à réduire les chambres du Parlement , à donner des gages raisonnables aux juges et à supprimer les *épices* et les *présens.* Il vouloit aussi que les magistrats ne servissent que trois ans de suite dans chaque Parlement , et qu'avant de quitter ils rendissent compte de leur conduite devant des censeurs nommés *ad hoc* par le roi. Il avoit également le projet de réduire tous les religieux à quatre ordres seulement , et de les charger du soin des hôpitaux et de l'enseignement dans les colléges , en les soumettant à la surveillance du Gouvernement. Ces réglemens trop sévères furent rejetés, et ne firent qu'augmenter le nombre de ses ennemis. On lui doit la division de l'année civile dont il fixa le commencement au premier janvier. Pierre de Bourdeilles , abbé de Brantôme , souhaitoit qu'il plût à Dieu que le connétable de Montmorency fût vivant , et avec lui , le chancelier de l'Hôpital , « c'étoit , dit cet auteur , le plus grand chancelier , le plus savant et le plus universel qui fût jamais en France ; c'étoit un autre censeur Caton qui savoit merveilleusement censurer et corriger le monde corrompu. Il en avoit l'apparence avec sa barbe blanche, son visage pâle et sa façon grave, qu'on eût dit à le voir que c'étoit un vrai portrait de Saint Hiérosme, comme aucuns le disent à la Cour. Il ne vivoit que de bouilli pour son ordinaire, et quand il vous entretenoit, ce n'étoit que beaux discours, beaux mots et belles sentences qui sortoient de la bouche de ce grand personnage, et quelquefois aussi de gentilles paroles pour rire. Il étoit fort discret, grand orateur et historien, et surtout divin poète latin, comme on peut le voir en ses œuvres imprimées [1]. « Duchesne rapporte que lorsque le chancelier de l'Hôpital apprit le massacre de la Saint-Barthelemi, il s'écria : *Voilà un détestable conseil ; je ne sais qui l'a donné, mais j'ai bien peur que ceux qui doivent empêcher n'ordonnent.* Ses amis lui conseillèrent de se tenir sur ses gardes, disant que sa mort n'étoit pas conjurée, mais pardonnée : il leur répondit : *Qu'il ne pouvoit aucunement croire avoir mérité ni pardon, ni mort advancée.* »

---

[1] L'Hôpital fit imprimer, en 1561, ses harangues prononcées aux Etats d'Orléans.

Fragmens du testament du chancelier de l'Hôpital, tirés des manuscrits déposés au cabinet des titres généalogiques de la Bibliothèque nationale, article Hurault (carton Z), seconde section.

« Ainsi, nous avons presque perdu le roi et le royaume, toutes choses étant changées à la ruine de la patrie, et non contens de faire combattre les forces du pays les unes contre les autres, firent approcher jusqu'au cœur du royaume des étrangers de diverses parties de l'Allemagne, l'Italie et l'Espagne. Hélas! nous avons vu, ce que je ne peux dire sans gémissemens et larmes, que les soldats étrangers se jouent de nous, de nos corps et de nos biens, quand ceux qui devoient les en empêcher en étant eux-mêmes les autheurs et conducteurs, et qui trouvoient bien tous les maux et méchancetés qui se commettoient en France.... Je m'en allai de la Cour avec une grandissime tristesse, de quoi le jeune roi m'avoit été ravi et les frères en tel âge et temps, duquel ils avoient plus besoin de mon gouvernement et aide, et en ce me sentant grandement offensé, que ceux qui m'avoient chassé prenoient une couverture de religion et eux-mêmes étoient sans pitié et religion ; mais je puis bien assurer qu'il n'y avoit rien qui les émût davantage que

de penser que tant que je serois en charge,
il ne leur seroit aucunement permis de rom-
pre les édits du roi, ni de piller ses finances
et celles de ses sujets.

Je ne voudrois pas prendre cette hardiesse
d'empestrer la royne mère de mes propres affaires, sachant trop mieux qu'elle est d'ailleurs
tant occupée, si ce n'est qu'elle s'est offerte de
son bon gré, et m'eust déclaré ouvertement
qu'elle auroit soin de moi et les miens, tant
durant ma vie qu'après ma mort, m'assurant
haut et clair que si elle décédoit devant moi,
qu'elle feroit contre tout devoir et humanité
si elle taisoit au roy et autres ses enfans ma fidélité industrie et labeur envers eux, étant en
bas âge ; dont je souhaite que le roy nous soit
propice et que la royne mère nous permette
de vivre selon la droiture et l'équité.

C'est à vous, Madame Marguerite de Savoie, duchesse, à qui je m'adresse et que je
prie, qui m'avez toujours été cause de mes
biens et états, et qui ne m'avez jamais défailli
ni aux miens, je vous supplie que l'affection et
faveur que vous m'avez porté en mon vivant,
la veuilliez continuer après ma mort envers
Marie Morin ma chère épouse et femme d'une
singulière piété.

Je veux que mes petits-fils nés de ma fille

ayent un nom ajouté au leur , en sorte que l'aîné soit nommé Charles Hurault de l'Hôpital , j'entends semblablement que quelque mémoire de mon nom demeure en cette famille dans laquelle j'ai apporté tous les plus beaux états de la République , même l'état de chancelier, laquelle chose les encouragera , comme j'espère, à suivre les traces et visites de leur grand-père pour parvenir à pareils degrés d'honneur.

Je veux que l'on donne vingt écus de revenu à ma sœur Françoise, tant qu'elle vivra.

Quant à mes funérailles et sépultures, *que les chrétiens n'ont pas grande estime* , j'en laisse ma femme et domestiques d'en faire ce qu'ils voudront. »

Michel Hurault du Fay son petit-fils , dont on voit le buste dans l'arrière corps du monument, prit le nom et les armes de l'Hôpital , comme le lui prescrivoit le testament qu'on vient de lire. Il fut l'élève de son grand-père qui l'avoit tenu sur les fonds de baptème. Michel Hurault ne trompa point les espérances de son aïeul : il fut d'abord chancelier du roi de Navarre qui l'envoya en embassade en Hollande et en Allemagne, où il ménagea au roi des secours et des alliances. Michel Hurault parvint bientôt à la dignité de chancelier de France ; il joignoit aux vertus de la magistrature des qualités militaires et l'art d'écrire. Il épousa la fille de Gui du Faure, seigneur de Pibrac [1], et mourut en 1592. Un an après sa mort, on imprima la majeure partie des discours qu'il avoit prononcés, et notamment ceux dans lesquels il fait le tableau de la France depuis 1591. Ces discours, suivant les auteurs de ce temps-là, firent la plus grande sensation : il avoit la réputation de mettre beaucoup d'éloquence dans son style. Voici une pièce de vers latins que j'ai tirée du manuscrit inédit de la main même du chancelier, qui fait parfaitement connoître le génie de ce grand philosophe:

MICHAEL HOSPITALIUS

BARTHOLOMEO FAIO.

Non quo more solent alii gaudere beatos
A quibus expectant quàm plurima commoda amicos ,
Hoc ego , docte Fai, te lætor honoribus auctum
Esse novis (quanquàm nos utilis inter et usus) ,
Vèrùm me magis ipsa monet respublica claris
Orba viris , quæ jam sperat te vindice , primo
Restitui se posse loco , te indice sanctum
Virginis Astreæ cœlo deducere numen ,
Sœdibus invisum nostris dùm bella fuére ;

---

[1] On voit dans la salle du XVIme. siècle, sous le N°. 160, le mausolée de Gui du Faure, seigneur de Pibrac.

Non ea vis nobis, dices, non arduus Atlas
Tantam humeris latis possit fulcire ruinam,
Nolo tibi gravis esse, onus aut imponere quantum
Forte Fai, nequeas, satis est pro parte virili
Si studium conferre voles operamque potentem;
Sunt alii (quorum melius mihi parcere visum
Nominibus) pulchro huic operi qui protinus addent
Se socios, nec si in paucis antiqua resedit
Virtus, conspiciturque viris ideo minus illis
Audendumque tibi : nulla unquam tam fuit ætas
Felix atque beata, bonorum ut largius uter
Fundere, illa tibi pridem jam debita natoque
Ornamenta tuo, Deus hæc in tempora pacis
Distulit haud temerè, ut pacem cujus fuit author
Ipse colas, et quæ nobis rex otia fecit.
Namque tuis nullus bello locus artibus : omnes
Vi repetunt sua, vi rapiunt aliena soluti
Divum hominumque metu, et vana formidine legum :
Tum fora clausa silent ; tunc et præconia cessant.
Exerta miles dextra, strictumque superbè
Intentans gladium, hæc faciet ni feceris, inquit.
Aut statim quicquid libitum est ex commodo et usu
Ipse suo, seseque gerit pro indice victor
Coram urbana metu pubes et rustica mussat :
Tum stabulantur equi tectis, quibus antè solebant
Institui juvenes, pulsis ex urbe magistris
Non præfecturæ meritis, non dantur honores,
Omnia sunt pretio venalia, rarus in aulá,
Rarus in urbe aditus virtuti : nec tamen ausim
Huic culpæ affinem regem vel regis amicos
Dicere : non alios quibus est respublica curæ.
Quorum jampridem studium et mihi nota voluntas,

Armorum hæc sunt non hominum queis nullius obstet
Vis ulla ingenii robur neque pectoris ullum,
Tantum ægris addunt mortalibus arma timorem.
　Ipse ego dum clavum tenui, me fluctibus atris
Jactatum ferri maria in diversa videbam
Quid facerem, semel et provecta est navis in altum,
Difficile est regere et quovis intendere cursum.
Non magis in medio quàm si consistere lapsu
Aut regredi coneris, inexaturabile bellum est
Faucibus horrendis latisque, voracius omni
Gurgite; tàm fædam non crassi divitis aurum
Expleat ingluviem non persica gaza nec omnes
Quas Tagus aurifluas vehit aut Pactolus arenas:
Effossis quicquid tegitur vel ubique metallis,
Atque illi in tanto grata est lascivia luxu
Gaudet enim potius malè partis, semper honesta
Militiæ vetitis postponens commoda lucris,
Nam manibus quæcumque suis pedibusve superbis
Contigit, aut ventri non suppeditavit avaro
Polluit, effundit, vel proterit omnia, tanquam
Nil reliquum prorsus miseris velit esse colonis.
　Tale domus ditis tamque exitiabile monstrum
Regibus et populis aliud non extulit ullum,
Quamvis multa lues hominum det corpora letho,
Multa fames, aliæque malorum mille figuræ,
Omnia quæ collata uni lenia esse videntur,
Hæc tibi pars minima est belli descripta laborum,
Cujus inhumano quisquis capietur amore
Idem erit et patriæ et divini nominis hostis:
Nec multum amisso aut spoliato rege dolebit
Nec feret indignè violari templa Deorum.
Multò plura oculis atque auribus hausimus ipsi,

Lerôir inv.   Percier del.

Mausolée de Louis XI.

Cultores agri longè latèque patentis
Quæ mihi quæque tibi renovent memorata dolorem
Omnibus et pacis cupidis et amantibus oti.

Bellum ergo sapientis erit vitare , nec unquàm
Sanguineá capere arma manu (nisi fortè necesse est)
Capta modum nec habent , nec majestate reguntur
Principis imperiove ducum , pavore recusant
Legibus et placidæ sese submittere paci.
Quæ cùm tot soleant plagas imponere regnis ,
Oremus superos quam mentem quemque dedére
Regi animum nuper faciendæ pacis , eundem
Esse velint longos servanda in pace per annos ,
Ut sit judiciis et legibus æqua potestas ,
Ut sit cultus honosque Deo suus , omnis et uni
Serviat æternùm conspirans Gallia regi.

N°. 471.

De l'église Notre-Dame de Cléry.

La statue en marbre blanc et à genoux de
Louis XI , roi de France , mort en 1483 ,
revêtu de l'ordre de Saint-Michel , et posé
sur un piédestal groupé par quatre petits génies , aussi de marbre blanc , soutenant des
écussons : devant cette figure , on voit un
coussin servant de prie-Dieu , qui porte un
livre sur lequel est posé le bonnet que Louis XI
avoit affectionné , et sur lequel il portoit sa
petite *bonne vierge* de plomb à laquelle il se

recommandoit souvent ; le tout exécuté en 1622, par Michel Boudin, sculpteur, né à Orléans. Au dessus de la statue, on lit l'inscription suivante : *Immensi tremor Oceani*, devise qu'il donna aux chevaliers de l'ordre de Saint-Michel, dont il fut le fondateur en 1469; et plus bas, celle-ci : *Etiam post funera terret*. Ce monument que j'ai réuni à ma collection, après de longues recherches, avoit été mutilé avec fureur par les habitans des environs de Cléry, qui conservent encore le souvenir des cruautés qui ont été commises par ce méchant roi. La tête de la statue, qui est un chef-d'œuvre pour son expression vraie et son exécution soignée, a été décollée et coupée en trois parties. J'ai fait entrer dans la restauration de ce monument quatre colonnes de marbre de Pentelie, dont deux sont veinées de bleu, et les deux autres à petites mouches et d'un gris foncé ; quatre émaux ovales, peints en grisailles, représentant la Force, la Justice, la Prudence et la Tempérance, décorent la frise [1]; on dit encore aujourd'hui à Cléry, que le sculpteur, après avoir terminé ce monument, étant peu satisfait de son salaire, déroba une lampe

---

[1] Ce monument, tel qu'on le voit aujourd'hui, a été entièrement restauré sur mes dessins.

d'argent qui étoit suspendue à l'église, et que ; peu de temps après, il fut exécuté à Orléans ; rien n'est moins avéré que ce fait que je considère comme un de ces contes merveilleux dont le peuple se plaît à entretenir les voyageurs qui visitent les curiosités d'un pays.

Il paroît certain que le mausolée que l'on voit ici n'est qu'une imitation de celui qui fut érigé à ce prince suivant le programme qu'il en avoit donné lui-même, ainsi que nous l'apprend Vely, tome XIX, pag. 65. C'est pourquoi cette statue, au lieu d'orner le quinzième siècle, se trouve placée dans la salle d'introduction, à la suite des monumens du seizième siècle, et à son ordre de date. Le modèle d'après lequel Boudin a exécuté sa tête, se voit dans la salle du quinzième siècle, sous le N°. 443.

« De retour d'un pélerinage que Louis XI fit à Saint-Claude, qui, loin de lui rendre la santé, épuisa ses forces, quelque horreur que lui inspirât la pensée de la mort, on voit qu'il s'en occupa quelquefois. Il donna ordre à Duplessis Bouré, l'un des généraux des finances, de faire prix avec *Conrard de Coulogne*, orfévre, et *Laurent Wrine*, fondeur, pour lui ériger un mausolée de bronze doré, dans l'église Notre-Dame de Cléry, où il vouloit être enterré : lui-même en prescrivit la forme et les ornemens. Il vouloit être représenté à genoux sur un carreau , en habit de chasseur , son chien à côté de lui , chaussé de ses brodequins , tenant les mains jointes dans son chapeau, revêtu du collier de l'ordre de Saint-Michel, et ayant son cornet ou cor de chasse attaché en écharpe, de façon qu'on en pût voir les deux bouts. Il ordonna qu'on le représentât tel qu'il étoit dans la fleur de l'âge, et d'après un de ses portraits qu'il avoit envoyé au sculpteur : le nez un peu long et aquilin, les cheveux plus longs sur le derrière que sur les côtés ; il recommanda surtout qu'on se gardât bien de le représenter chauve , et dans l'état où l'avoient réduit l'âge et la maladie. Il ne voulut point d'autres ornemens que six écussons autour son tombeau. Ce mausolée ne fut point achevé : celui que l'on voit aujourd'hui à Notre-Dame de Cléry est en marbre ».

N°s. 116, 116 (*bis*) et 116 (*ter*).

Statue en pied et en marbre blanc de Henri IV vêtu à la manière de son temps, posé sur un piédestal orné de quatre figures en bronze, provenant de la statue équestre qui lui fut érigée en l'an 1615, sur la plate-forme du Pont-Neuf. Ce beau monument, longtemps

Restauration de la Statue de Henry IV
dans le musée des monuments français).

admiré des connoisseurs, fut renversé et détruit ainsi que toutes les figures des rois de France qui ornoient nos places publiques ; par suite des décrets de l'Assemblée Législative, le 11 août 1792, la statue du roi Henri IV, son cheval, les beaux bas-reliefs et les autres accessoires qui décoroient le piédestal, tout a été fondu, excepté les quatre figures représentant les quatre parties du Monde que Francheville[1], sculpteur français, avoit modelées et fait jeter en bronze. En conservant aux arts ces quatre figures d'une belle et grande conception, et d'une exécution vigoureuse, on a pensé qu'il convenoit de les rendre à leur premier usage en les accollant à un nouveau piédestal, sur lequel seroit posée une autre statue de Henri IV. Celle que l'on voit ici est en marbre, et ne montre par cette foible restauration qu'une légère esquisse du monument que l'on a détruit. Voici quelques notes sur l'érection primitive de ce monument.

La statue équestre du roi Henri IV étoit posée sur un piédestal de marbre blanc, orné de marbre noir chargé de différentes inscriptions, et aux quatre coins duquel étoient des

----

[1] *Voyez* dans le tome III de cet Ouvrage, page 137, une note sur Francheville.

figures allégoriques foulant aux pieds des instrumens de guerre et des armures de différentes espèces. La figure du roi a été modelée ainsi que le cheval, par Jean de Bologne, et non pas par Dupré, comme l'ont imprimé plusieurs auteurs. Cosme II, grand duc de Toscane, en fit présent à Marie de Médicis, seconde femme de Henri IV, alors régente du royaume, ainsi qu'il est constaté par l'inscription qui a été trouvée dans l'intérieur du cheval. Lors de la destruction de la statue, je n'ai eu que le temps de la copier rapidement, elle a été mise en pièces bientôt après par les destructeurs. Elle étoit écrite sur une peau de velin et enfermée dans un petit tuyau de plomb dont on avoit rempli les vides par du charbon écrasé : elle étoit ainsi conçue :

« A la très-glorieuse et immortelle mémoire du très-auguste et invincible Henri-le-Grand, quatrième du nom, roi de France et de Navarre, le sérénissime grand duc de Toscane Ferdinand, mu d'un bon zèle vers la postérité, fit faire et jeter en bronze par l'excellent sculpteur Jean de Boulogne, cette statue, représentant à cheval Sa Majesté très-chrétienne, que le sérénissime grand duc Cosme, second du nom, fit achever délaborer par le sieur Piétro Taca, son sculpteur,

et l'envoya en très-digne présent , sous la
conduite du chevalier Pescholini, agent de
l'altesse sérénissime , à la très-chrétienne et
très-auguste Marie de Médicis , reine régente
en France , après le décès de ce grand roi ,
sous le règne du très-auguste Louis treizième
du nom , roi de France et de Navarre : par le
commandement très-exprès duquel et de ladite dame reine sa mère , étant MM. de Ver-
dun , premier président en la Cour de Parlement de Paris , Nicolaï , premier président en
la Chambre des comptes , de Bélièvre , procureur général de Sa Majesté , de Mesme ,
lieutenant civil , Lefebvre , président , du
Moulin , de Gaulmont , Godefroy , Vallée ,
Hotmann , Almeras , de d'Onon et le Gras ,
trésoriers généraux de France audit Paris ;
Myron , président aux requêtes , et prevôt
des marchands, Desnœux, Huot, Pasquier ,
Echevins ; Perrot, procureur du roi et de la
Ville , tous commissaires , ayant l'intendance
de la construction du Pont-Neuf de Paris , ont
au milieu d'icelui, présent le sieur de Francheville , premier sculpteur de leurs Majestés ,
fait dresser et poser avec solemnité ladite statue
sur le piédestal , à cette fin érigé ; assistans à
ce MM. de Liencourt , gouverneur de Paris ,
do Brisson , Seguier , prévôt de Paris , lesdits

de Mesme , lieutenant civil , le prevôt des marchands et les échevins de ladite ville, l'an mil six cent quatorze , le vingt-troisième jour d'août. »

Le piédestal étoit décoré de quatre bas-reliefs, par Francheville, et d'inscriptions , qui représentoient et expliquoient les actions héroïques de ce prince. La première pierre dé ce monument fut posée par le roi Louis XIII , sous les auspices de la reine sa mère , le 2 juin 1615. On trouve dans une chronique du temps la description suivante et les inscriptions qui furent proposées pour orner le piédestal de cette statue, mais qui ne furent point acceptées dans la suite , par le cardinal de Richelieu , qui voulut , en sa qualité de premier ministre, et par une vanité mal entendue, jouer un rôle dans l'érection du monument. Voici ce que contient cette chronique : « Franqveuille notre Phidias a trié d'vne infinité d'actes héroïqves ces cinq qv'il a rassemblez en ce sujet , povr grauer à l'éternité, comme vn abrégé de la uie de ce grand roy. Il favt s'imaginer qve ce piédestal est comme le théâtre de France , où les diuerses nations de notre Evrope, tovr-à-tovr , et parfois tovtes ensemble , ont jové pendant nos jovrs une sanglante tragédie. **Ce** grand prince, par sa ualevr , les a renversées à bas, resté sevl av dessvs comme le uoilà. Ces captifs avx qvatre coins dv piédestal , qvi correspondent avx qvatre parties dv Monde , Orient , Midy, Occident et Septentrion , représentent ces nations : ils semblent à levr geste redovter toujovrs levr uainqvevr ; ils s'enuisagent tovs estonnez, levrs armes gisent à levrs pieds , abattues comme levrs cœvrs. Le corps dv piédestal dérobe à l'œil vn jevne grec , qvi est svr la main droicte où sont les armes de France et de Nauarre , av coin oriental de la face postérievre. Uoyez-le des yevx de l'ame , jvsqves à ce qv'étant en uve il se face remarqver à son front éleué, ce sont cevx d'Orient. Ce visage bazané qvi tient de l'africain qve uovs uoyez svr la gavche , où sont les armes de Toscane ; ces membres descharnez qvi découvrent mvscles et nerfs, ce sont cevx dv midy , et les plvs recvlés dans l'Occident ; cette face bien colorée, cette taille moyenne, à l'vn des coins de la face antérievre : ce sont cevx de notre Occident av climat plvs tempéré ; ce corps replet à l'avtre coin : ce sont cevx dv Nord. Ainsi , tovs ont uovlv être dv jev où la fortvne opiniastrément insolente a été contraincte de céder à la uertv. Il y a qvatre faces en ce piédestal hétéronomiqve plvs long qve large , dont devx sevlement apparoissent : chasqve costé est diuisé en devx parties esgales

avx faces des devx bovts. La face antérievre
instrvit la postérité des cavses de cette statve
par ceste inscription latine : »

Henrico. Magno. Franciæ et Navarræ regi
Christianiss. victori Clementiss. Galliarvm
Restavratori. Orbis. Christiani. Pacatori, ob
avitam perpet. qve conjvnctionem vtrivsqve.
Lilii Franci et Tvsci semper. Floretis. Ferdi-
nandvs Medicævs m. Tvsciæ Dvx coepit cosmvs
ejvs filivs absolvit. æternvm bellicæ virtvtis
jpsivs monvmentvm Maria Medicæa. Reg. Gall.
Regenstanto, conjvge. Hev ! parricido svblato
mvnvs hic recepit rege lvdou. xiii. m. parent.
mag. incremento. per magistrat. vrbicos constitvit pop. Orbiq. dono detita. S. (1). 1)(xiv.

Le quatrin suivant devoit être gravé au dessous de cette plinthe.

> Tel fvt Henry, grand honnevr de la terre,
> Astre de paix, et vray fovdre de guerre ;
> L'amovr des bons, la crainte des pervers,
> Dont les Uertvs méritoient l'Vniuers.

Les inscriptions que nous avons vues sur ce
monument, ne furent gravées qu'en 1635 ;
on les trouve dans toutes les descriptions de
Paris, et notamment dans celles de Malingre
et de Piganiol de la Force.

COSTUMES SOUS HENRI IV.

Le costume des hommes est, à peu de chose près, semblable à celui que l'on portoit sous Charles IX et Henri III, comme on peut le vérifier sur la statue qui est posée sur le piédestal que je viens de décrire. La mode de porter la fraise autour du col devint presque générale pour les hommes comme pour les femmes; l'un et l'autre portoient aussi de grands collets rabattus tombant sur les épaules. Les manches du vêtement des hommes, dont la partie supérieure consistoit en une espèce de veste courte qui s'arrêtoit au bas-ventre par des rubans froncés ou plissés, étoient réguliérement ouvertes par de petites crevasses qui laissoient voir une étoffe d'une autre couleur que celle dont la veste étoit faite, et qui sembloit ainsi en faire la doublure. Les manches de ce vêtement se terminoient, à l'extrémité des poignets, par des manchettes de mousseline ou de dentelle, plissées dans le goût de celles que nous portons encore. La trousse ou culotte étoit divisée par bandes d'une seule couleur ou de deux, suivant le goût du propriétaire. On faisoit aussi broder ces bandes en or ou en soie, à volonté, comme le fait voir la statue de Henri IV : la trousse, en couvrant la moitié des cuisses, se portoit, sous son règne, d'une manière plus décente que sous le règne précédent. Henri III qui menoit publiquement une vie débordée, avoit amené la mode des pantalons serrés montant jusqu'au haut des cuisses, de façon que la trousse étoit très-courte et qu'elle ne couvroit que ce qu'il convient de cacher. L'extrême coquetterie des hommes, sous Henri III, et la recherche qu'ils mettoient dans leurs vêtemens et dans leur personne, fit dire à Henri IV, lorsqu'après la fameuse bataille de Coutras, qu'il remporta en 1587 sur les catholiques romains, on lui présenta les *bijoux* et les autres *magnifiques bagatelles* dont joyeuse [1], tué dans cette jour-

---

[1] Anne de Joyeuse, duc et pair, et amiral de France, premier gentilhomme, gouverneur de Normandie, fut un des favoris de Henri III. Il épousa Marguerite de Lorraine, sœur de Louise, femme du roi. Joyeuse, doux et généreux dans la société, étoit cruel les armes à la main. En 1586, il commandoit une armée dans la Guienne, contre les protestans ; ayant obtenu quelques avantages au Mont-Saint-Éloi, qu'il surprit, il fit passer au fil de l'épée tout le détachement qui y campoit. Cette cruauté lui valut la mort à Coutras ; car ayant été fait prisonnier, il fut tué, quoiqu'il offrît cent mille écus pour sauver sa vie.

née, se paroit avec complaisance : *Il ne convient qu'à des comédiens de tirer vanité des riches habits qu'ils portent. Le véritable ornement d'un général est le courage, la présence d'esprit dans une bataille, et la clémence après la victoire.* Un manteau court en velours, doublé de satin ou de toute autre étoffe de soie, terminoit le costume des hommes qui portoient des bas de soie, des souliers à bouffettes et les cheveux courts. *Voyez* dans ce Musée les statues de la famille de Villeroy, n°. 551.

Les femmes étoient fort élégantes sous le règne de Henri IV. La courtoisie de ce prince pour le beau sexe contribua singuliérement à la recherche que les femmes mirent dans leur parure. Elles avoient la poitrine découverte, dont elles relevoient l'éclat par des colliers de perles ou de pierreries ; elles portoient aussi des fraises immenses qui s'élevoient par derrière d'un pied de haut environ, et qui s'ouvroient par devant, en s'applatissant et en dégageant la gorge qu'elles laissoient voir presque nue. On soutenoit la hauteur de ces énormes fraises par un fil de laiton qui se perdoit dans l'épaisseur du plis. *Voyez* les statues de Madame de Villeroy, n°. 551, et de Madame de Clermont Tonnerre, n°. 115. Ces fraises, que l'on brodoit, avoient le double avantage,

en garnissant le derrière du col, de dévelop-
per la gorge d'une manière plus agréable que
celles que les femmes portoient dans le règne
précédent. Cette parure étoit fermée alors autour du col et devenoit plus gênante que belle.
Voyez les statues de Jeanne de Vivonne, n°. 109,
et de Catherine Nogaret, n°. 110. Les femmes
âgées cependant continuèrent à les porter ainsi
jusqu'au règne suivant. *Voyez* la statue de Madeleine Marchand, morte en 1650, n°. 181;
celle de Claude de Laubespine, morte en 1613,
n°. 164; et celle de Charlotte de la Trémouille,
femme de Henri de Bourbon Condé, morte
en 1629, n°. 170. Les femmes abandonnè-
rent aussi l'usage des chapeaux, et se servirent en se coîffant simplement en cheveux,
de la plus belle parure qu'elles reçoivent de
la nature. Leurs cheveux frisés par devant et
bouclés, étoient ornés de pierres précieuses,
de perles, de fleurs ou de rubans, etc., le
tout surmonté d'un panache de couleur; mais
elles le portoient plus communément blanc,
pour se conformer au goût du roi qui avoit
affectionné cette couleur. *Si vous perdez vos
enseignes*, disoit-il à ses troupes, à la bataille
d'Ivry donnée en 1590, en s'élançant dans les
rangs ennemis et au milieu d'une forêt de lan-
ces et de dards, *ralliez-vous à mon panache*

Armures du XVI.e Siècle. Casques en fer.

Armures du Seizieme Siecle.

Casques en Fer.

blanc, vous le trouverez toujours au chemin de la gloire et de l'honneur.

DE LA COTTE D'ARME.

L'habillement militaire est, à peu de chose près, le même qui étoit en usage dans les règnes précédens. Il consiste en une armure complète en fer ou en tôle battue, jointe à charnière et divisée en autant de ressorts propres à suivre les mouvemens du corps et des membres. *Voyez* les statues d'Anne de Montmorency, n°. 450, et de Henri IV, salle du XVIme. siècle, n°. 113 : on les ornoit des plus belles ciselures relevées et repoussées en relief, damasquinées en or, et chargées d'un travail extrêmement précieux, représentant des arabesques, des batailles ou tous autres sujets, comme on peut le voir par la gravure numérotée 116 (*bis*). Le père Daniel prétend que les chevaliers commencèrent, sous Charles VII, à ne plus porter la cotte d'arme en guerre ; il s'autorise des historiens, des monumens, et principalement des bas-reliefs sculptés sur les tombeaux de Louis XII et de François Ier, qui, suivant lui, ne montrent aucun cavalier vêtu de la cotte d'arme. Il est vrai que les historiens ne disent rien de positif sur l'abandon que les chevaliers firent

de ce vêtement lorsqu'ils alloient en guerre,
quoiqu'ils eussent reconnu qu'il devenoit plus
embarrassant qu'utile, puisqu'il ne préservoit
le cavalier d'aucune attaque. J'observerai
cependant que rien n'atteste que ce vêtement fut
entiérement abandonné à l'époque indiquée
par le père Daniel, puisque nous ne connoissons
point d'ordonnance qui dût la faire supprimer
et que les monumens même nous autorisent
à croire le contraire. Villiers de l'Ile-Adam,
mort en 1534, est représenté sur son tombeau
avec sa cotte d'arme ; *voyez* le n°. 447, l'Amiral
Chabot, mort en 1543, Anne de Montmorency, tué à la bataille de Saint-Denis, en
1567, etc. (*voyez* les n°. 98 et 450), sont tous
représentés sur leurs sépultures, vêtus de la
cotte d'arme, et sur le tombeau même de
François Ier., au troisième bas-relief de la
petite porte latérale à droite, on voit un cavalier vêtu de la cotte d'arme : il paroît certain
qu'elle n'étoit plus en usage sous Henri IV.
Les anciens chevaliers mettoient beaucoup de
magnificence dans leur cotte d'arme, soit qu'ils
allassent à la guerre ou qu'ils se présentassent
dans les tournois. Elles étoient assez ordinairement d'étoffe précieuse, c'est-à-dire, de
drap d'or ou d'argent, richement brodées en
perles ou autres pierreries : ils en portoient

aussi en drap écarlate, garnies de fourures recherchées, comme marte zibeline, menus-vair, etc. Les rois furent obligés, à plusieurs reprises, d'arrêter le luxe que les chevaliers mettoient dans leur cotte d'arme. Philippe Auguste défendit aux chevaliers qu'il avoit désignés pour son expédition d'outre-mer, l'usage du drap écarlate [1], du vair, de l'hermine, etc. Joinville nous apprend que Louis IX imita son exemple, et que dès qu'il fut croisé, il ne porta plus ni *écarlate*, ni *vair*, ni *hermine*.

DE L'ÉCHARPE.

L'usage de porter l'écharpe, comme nous le voyons aux statues de Guillaume Douglas, n°. 162, de la Trémouille, n°. 163, et de O Rourske Cousen, n°. 177, est fort ancien en France. Joinville déclare lui-même s'être fait passer son écharpe par l'abbé Cheminon, au moment de son départ pour la terre Sainte : *Il me bailla*, dit-il, *et me ceignit mon écharpe blanche*. Suivant Guillaume Guiart, il paroît prouvé que l'écharpe des Français

---

[1] D'après cette ordonnance, il paroît que le drap écarlate étoit considéré alors comme un objet de luxe, et par conséquent, comme devant être d'un grand prix.

étoit blanche, et qu'elle étoit indistinctement portée par les soldats, les officiers, etc., soit en *ceinture*, soit en *baudrier*. On lit les vers suivans dans un poëme de Guillaume Guiart, qui vivoit du temps de Philippe Auguste.

> Pour le Bannier qui en l'ost crie
> Que tout homme de sa patrie
> Facent tant, comment qu'il la tranche,
> Qu'il soit seignez d'écharpe blanche
> Pour estre au férir conus.

Monstrelet dit que sous Charles VI la mode vint de la porter en baudrier, quoiqu'il n'y eût point de réglemens pour cela et que chacun étoit libre sur ce fait. Charles IX, pendant les guerres de religion, prit l'écharpe rouge ; Henri III la prit également et ordonna à ses troupes de l'imiter : on croit que ce fut pour distinguer son monde des troupes du roi de Navarre et des protestans qui la portoient blanche. Daubigné rapporte que Henri III, en 1589, reprit l'écharpe blanche, pour se soustraire aux poursuites du duc de Mayenne, qui étoit au moment de l'enlever dans un des faubourgs de Tours, s'il n'eût été secouru à temps par Crillon, Chatillon, la Trémouille, la Rochefoucault et les gens du roi de Navarre,

David vainqueur de goliath.

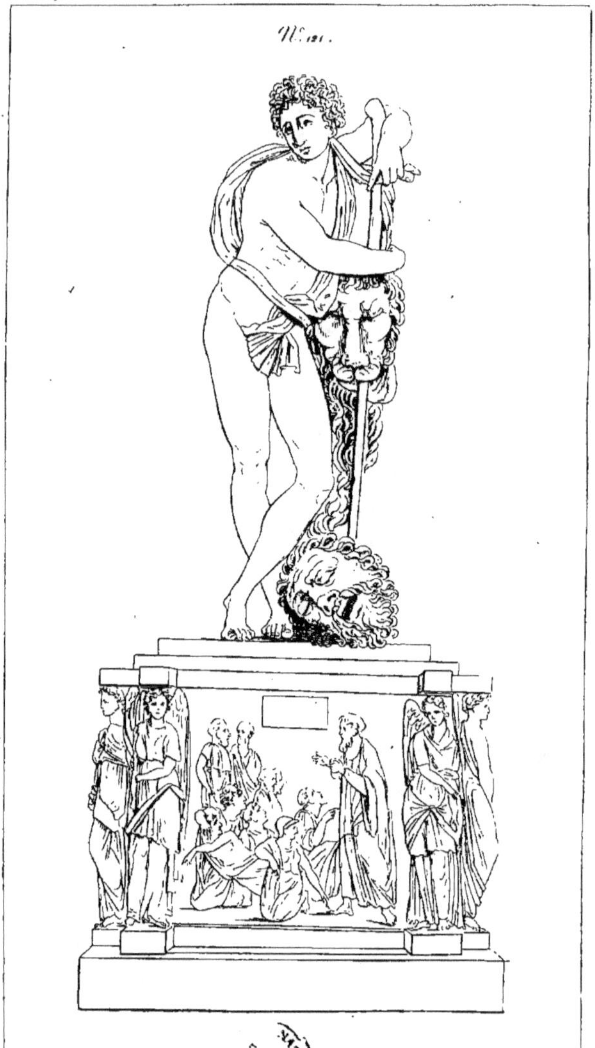

dont ils faisoient eux-mêmes partie et avec lequel il venoit de traiter. « Les écharpes blanches désespérèrent par leur vue seulement, les ligues, dit Daubigné. Le duc de Mayenne tint conseil et résolut sa retraite, pour laquelle il fit les mêmes onze lieues qu'il avoit faites en s'avançant, et le roi Henri III, spectateur de ses nouveaux soldats, pour honorer leur valeur, prit aussitôt *l'écharpe blanche*, ce qui fâcha à plusieurs des siens, ne pouvant de bon cœur honorer la marque contre laquelle ils avoient eu et avoient encore tant de passion. »

N°s. 121 et 136.

Sous le premier numéro, nous voyons une statue de marbre blanc, de grandeur naturelle, représentant David vainqueur de Goliath, exécutée par Francheville, en 1580. On remarque dans les productions de cet artiste une grande manière de faire. S'étant retiré à Florence à l'insu de sa famille, il entra dans l'école de Jean de Bologne, où il se forma le goût, et prit le surnom de *Francavilla* (*voyez* dans le 3me. volume de cet ouvrage, pag. 137). Le piédestal qui porte cette statue a été formé avec les débris de la chaire à prêcher des Grands-Augustins : il est composé de six petites figures caryatides d'un bas-relief repré-

sentant la Samaritaine, composés et exécutés
en pierre de tonnerre, par Germain Pilon.
C'est avec raison que l'on a reproché à Pilon
de multiplier les plis qui composent les draperies de ses figures, et de leur donner les formes
cassées que présentent ceux du taffetas ; c'est
dans les ouvrages de Primatice qu'il avoit
puisé ce goût de draper ; il auroit dû se péné-
trer d'un principe reconnu par tous les hommes
de l'art, que la peinture peut admettre des
principes qui lui sont particuliers et des moyens
d'exécution qui ne conviennent nullement à la
sculpture.

La gravure numérotée 136 représente un
beau vase en bronze, orné d'arabesques du plus
beau travail et de la composition la plus élé-
gante, exécuté par Benevenuto Cellini, artiste
venu en France sous François Ier, pour lequel
il travailla d'orfévrerie.

Cellini, orfévre et sculpteur habile, né à
Florence, en 1500, mourut dans la même
ville, en 1570. Les talens extraordinaires de
Cellini lui méritèrent la confiance du Pape Clément VII qui, dit-on, lui confia la défense
du château Saint-Ange, assiégé alors par le
connétable de Bourbon. Cellini avoit du courage, de la prudence et de la bravoure ; il
défendit la place avec quelque succès, et dit

Vase en Bronse.

xi-même, dans l'histoire de sa vie qu'il a écrite,
qu'il tua d'un coup de *fauconneau* le connétable de Bourbon. S'étant brouillé dans la suite
avec le Pape, il vint en France auprès de François Ier, qui le reçut honorablement. L'histoire
rapporte qu'il eut un ennemi très-redoutable
dans la personne de Primatice, chaudement
protégé par la duchesse d'Estampes, qu'il employa auprès du roi pour l'indisposer contre
Cellini, et par ce moyen éloigner un ennemi
qui lui faisoit ombrage. Voici un trait qui peut
servir à fixer l'opinion que l'on doit avoir de
ses talens. « Cellini eut le malheur de déplaire
à la duchesse d'Estampes, maîtresse de François Ier., en négligeant de lui montrer le modèle d'un colosse pour une fontaine que le roi
lui avoit commandée. Piquée jusqu'au vif, la
duchesse empêcha François Ier. d'aller voir,
pendant le jour, dans la galerie de Fontainebleau, un Jupiter de la main de cet artiste,
qu'elle avoit fait placer exprès à côté des plus
belles figures antiques qui venoient de Rome.
Le sculpteur Cellini s'aperçu de l'artifice, et
trouva le moyen de si bien éclairer sa figure,
que, contre les intentions de la duchesse et de
Primatice, le roi et toute la Cour lui prodi-
guèrent les plus grands éloges. « La haine ne fut
que plus ardente à le poursuivre, continue l'au-

teur ; cet artiste se retira à Florence, en 1568,
après avoir laissé en France plusieurs morceaux
dans lesquels il a montré un grand talent.
Rentré dans sa patrie, il composa deux Traités
sur l'art de la sculpture et sur l'orfévrerie ».

On voit au Musée Napoléon un beau vase
aussi en bronze, de Cellini, dont la forme
ressemble parfaitement à celui dont on voit
ici la gravure ; et chez M. le baron Van, Hoorn,
rue Saint-Dominique, maison Molé, un plat
de la plus grande beauté pour la richesse de la
composition et la finesse de la ciselure. Cellini
a exécuté pour le Vatican, d'après les dessins
de Michel-Ange et de Raphaël, deux cande-
labres en or, de la plus grande magnificence.
Jules II et Leon X avoient ouverts exprès ce
concours entre les deux plus grands dessina-
teurs qui ont jamais parus, pour exercer les
talens de Cellini. Ces deux chefs - d'œuvre
viennent d'être gravés de la grandeur des ori-
ginaux d'après les dessins de M. Prieur. M. Jou-
bert, graveur, demeurant rue de Sorbonne,
propriétaire et éditeur de ce bel ouvrage dédié
au Ministre de l'Intérieur, Chaptal, pense qu'il
peut faire suite aux œuvres de nos architectes,
MM. Peyre, Percier, Durand, Baltard,
Moreau, Krafft, Detournelle, Dubut, etc.

Le buste en marbre et en bronze numéroté

563 , représente Jean de Bologne , sculpteur et architecte , né à Douai , en 1524. Ce buste que l'on croit être de Francheville son élève , dont j'ai parlé plus haut , est fait de main de maître ; la tête est noble et porte un grand caractère.

Jean de Bologne étoit élève de Jean Beuch , sculpteur et ingénieur ; par une étude opiniâtre , il sentit bientôt qu'il seroit un jour supérieur à son maître , il le quitta et passa à Rome. Vivement enflammé par les sublimes productions de Michel-Ange , il chercha les moyens de recevoir des leçons de celui qui lui avoit procuré des sensations aussi extraordinaires : il parvint à l'approcher , et lui porta un modèle de son invention terminé avec tout le soin possible ; Michel-Ange en changea totalement la disposition , et lui dit : *Il faut apprendre à ébaucher avant que de vouloir finir.* Le jeune élève sentit toute l'importance de la leçon de Michel-Ange et en fit une règle de conduite pour toutes ses études. Peu de temps après, il passa à Florence , où il fit connoissance avec Bernard Vecchitti , gentilhomme ; non seulement cet ami des arts se plut à donner des conseils au jeune sculpteur qu'il prit sous sa protection , mais encore il lui procura tous les moyens convenables pour lui faciliter ses

études. Il le présenta au duc François de Médicis, qui le gratifia d'une pension, ce qui le
fixa à Florence [1]. Jean de Bologne, animé
par un encouragement aussi noble qu'il étoit
avantageux pour son sort, concourut avec les
sculpteurs les plus célèbres de Florence,
Amanti, Cellini et Danti ; il présenta un modèle de sa composition qui enleva tous les suf-
frages. Le grand duc montra à Jean de Bologne
un énorme bloc de granit de l'île d'Elbe, en
lui disant : *Ce rocher que vous voyez est destiné
à une fontaine de mon jardin de Boboli ; tra-
vaillez-y, et tâchez que le bassin vous fasse
honneur et que votre ouvrage en fasse au bassin.*
Bologne fit un chef-d'œuvre. « Dans un bassin
de vingt pieds de diamètre, est un Neptune
en marbre, plus grand que nature, et élevé
sur une coupe de granit ; son attitude est ad-
admirable ; à ses pieds, sont assises des figures
qui représentent trois principaux fleuves de
l'ancien Continent, le Gange, le Nil et l'Eu-
phrate, dont la proportion est de quatre bras-
ses, qui versent de l'eau de leurs urnes dans
une pièce d'eau. » Il fit ensuite la statue du

---

[1] François de Médicis, fils du grand duc Côme-
le-Vieux, n'aima pas moins les beaux arts que son
père.

grand duc Côme de Médicis et un groupe qui orne la principale place de Florence, représentant l'enlèvement des Sabines. Ces beaux monumens fixèrent sa réputation et le firent placer au nombre des plus célèbres sculpteurs. Il mourut à Florence, en 1608, à quatre-vingt-quatre ans, après avoir fait jeter en fonte, sur ses modèles, la statue de Henri IV que l'on voyoit sur le Pont-Neuf, et en laissant à la postérité un nombre considérable d'ouvrages fort estimés, dont la nomenclature seroit trop étendue pour le cadre que je me suis prescrit. Jean de Bologne fut inhumé avec une grande solemnité, dans une chapelle qu'il avoit fait construire, et pour laquelle il avoit fait des bronzes et des sculptures, dans l'église de l'Annonciade des pères Servites.

Nᵒˢ. 457, et 457 (*bis*).

Le buste de Charles Bailly et la statue en marbre de Chrestienne Leclerc sa femme. L'auteur de ces figures dont l'exécution est extrêment soignée, est inconnu. Voici les inscriptions qui ornoient le mausolée de Charles Bailly, qui lui fut érigé par sa femme, qui s'y fit sculpter en habit de veuve.

EPITAPHE.

Carolvs Bailly eqves secvrii regii dominvs, sacri consistorii consiliarivs et in svprema rationalivm cvrià præses qvo in mvnere Gvilielmo patri eqviti torqvato et in omnibvs svpremis regni cvriis assessori svffectvs, dignissimvm se svccessorem per annos XXXVII probavit. Hâc in æde sacra qvam in paterno fvndo constitvit et qvadringentis annvis argenti libris vti qvotidiè pro se svisq. sacrvm fieret dotavit, resvrrectionem expectat. Christierna Leclerc conjvgi amantissimo cvm qvo XLV annos svmmâ concordiâ vixit et mortva qviescere optavit. Carolvs, Gvilielmvs, Pavlvs, Petrvs, Anna, Christierna et Magdalena patri obseruantissimo poni cvrauervnt, obiit IX. Kal. decemb. ann. M. DC. XXVII, ætatis LXIX . . . . R. J. P.

AUTRE.

D. O. M.

Cy-gist Messire Charles Bailly, chevalier, seigneur du séjour du roi, doyen de la Chambre des Comptes, fils aîné de Charles Bailly, président des Comptes, fondateur de ce monastère. Il avoit épousé dame Françoise Marescol, de laquelle il a laissé dix enfans; savoir :

Charles, chevalier, seigneur du séjour du roi et de Saint-Mars-Loquenay, maître des Comptes ;

Guillaume, abbé de Saint-Thierry, conseiller d'honneur et premier avocat général du grand Conseil ;

Paul , écuyer de la reine d'Espagne et de Madame la duchesse d'Orléans ;

Thomas , doyen de la Chambre des Comptes ;

Michel, lieutenant au régiment des Gardes ;

Jean , prêtre et prieur , commissaire du Prieuré de Notre-Dame de Loüye ;

François , décédé à Raguse, dans le tremblement de terre arrivé le 6 avril 1666 ;

Valentine , épouse de messire Gabriel l'Allemand , conseiller au Parlement ;

Anne , épouse de François Bitaut , seigneur de Valie, conseiller au grand Conseil , ledit Charles Bailly Ier. est mort le 27 novembre 1658 , lesquels frères et sœurs ont vécu en parfaite charité et union , à l'exemple et par les instructions de leurs père et mère.

Requiescat in pace.

A U T R E.

Ledit seigneur président Bailly est décédé le XXI novembre , et dame Chrestienne le Clerc son épouse , décéda le XVI........ Ladite dame le Clerc , pour perpétuelle mémoire , a fait bâtir cette chapelle et fait dresser les figures de marbre , et , suivant l'intention de défunt seigneur président Bailly son mari , a fondé une messe haute à perpétuité , et ce , le XXI novembre , par chacun an , cinq messes basses en ladite chapelle , moyennant IIIIe. livres de

rentes, par contrat passé pardevant Cothereau
et Parque , notaires , le XIX juin M......
(*Le reste est effacé*).

L'épitaphe suivante a été trouvée dans la
chapelle de cette famille. On croit qu'elle fut
placée en l'honneur d'un des gendres dudit
Bailly.

Cy gist Bertrant d'Hostoue , vivant chevalier et marquis de Clanleu , Hardantun , Ma-
ninghen , marquis , et autres lieux , conseiller
du roi en ses conseils , maréchal des camps et
armées de sa majesté , et premier chambellan
d'affaires de Monseigneur le duc d'Orléans , qui
a été tué à la défense de Charenton, y comman-
dant de lieutenant général , le huitième février
1649..... *Priez Dieu pour son ame.*

Les productions de Germain Pilon que
nous avons rassemblées dans ce Musée sont si
considérables , que nous ne ferons graver que
les pièces qui portent vraiment un caractère ,
soit par leur volume , leur réputation , les per-
fections qu'elles présentent sous le rapport de
l'art , ou par l'intérêt qu'elles peuvent inspirer
par les personnages qu'elles représentent. Sous
le N°. 458 , nous avons déjà remarqué les
belles statues couchées de Henri II et de
Catherine de Médicis , représentés nus et dans
leur état de mort. Le N°. 125 fait voir une

figure anatomique qui porte un grand caractère, une grande connoissance de l'anatomie
et des formes humaines. On croit que cette figure est l'essai de celle que Pilon projetoit pour
le tombeau de Henri II. Nous admirons également, sous le N°. 459, plusieurs archétypes
de ce savant sculpteur. D'abord on remarque
un chef-d'œuvre dans un bas-relief représentant une femme morte d'éthisie, qu'il a exécuté
en marbre pour le tombeau du chancelier
Birague, *voyez le* N°. 108. Nous voyons ensuite des enfans debout pris de la voûte du
tombeau de François Ier, *voyez le* N°. 99, et
Jésus-Christ au tombeau, bas-relief qui décore
le tombeau de son auteur, *voyez le* N°. 454. Nous
terminerons la description des ouvrages de ce
grand sculpteur, par le N°. 128 ; qui nous fait
voir deux statues en terre cuite et de grandeur
naturelle, qui furent très-estimées à l'époque
où elles parurent, l'une à la Sainte-Chapelle
de Paris, et l'autre aux Grands-Augustins.
Ces deux figures sont très-remarquables pour
l'expression. La première représente une
mère de douleur assise sur une pierre, ayant
les mains croisées et posées sur son cœur ; la
seconde représente Saint-François en habit de
capucin, à genoux sur un rocher, en extase,
les bras étendus, la tête penchée et le regard

dirigé vers le ciel. Raoul Boutray , dans son livre intitulé *Lutetia* , nous a donné une description curieuse de cette statue , qui fut exécutée en 1588 ; la voici :

> . . . . . . *Quis non simulachrum insigne precantis*
> *Francisci miretur hians ? In marmore vixit*
> *Usta cutis livescii , uti gens Affra per œstus*
> *Hirta tegit pannis , centone cuculla nec uno*
> *Texta, premit lumbos funis , nodoque coercet ,*
> *Et ni mente Deum votoque silente precetur,*
> *Ni vetet ordo loqui , suspiria anhela , piasque*
> *Funderet ore preces , quas jussa_silentia servant.*

Les sculptures numérotées 130 et 142 , placées dans la salle du seizième siècle, sont de Barthelemy Prieur , disciple de Germain Pilon. D'abord nous voyons au dessus de la porte de cette salle décrite tome III , page 46 , deux études fondues en bronze du plus grand caractère, et modelées dans le style de Michel-Ange. En face de cette porte , au dessus des statues de Henri IV , décrites sous le numéro 116 , page 126, et de celle représentant David , décrite sous le numéro 121 , page 141 , on voit encore de ce savant artiste deux bas-reliefs en marbre , représentant la Justice et la Paix. On ne sait rien de positif sur la naissance de Barthelemy Prieur, on sait seu-

lement qu'il est né à Paris, de parens protestans, qu'il florissoit vers 1550, et que le
connétable Anne de Montmorency le nomma
son sculpteur particulier.

Numéro 543, une statue en marbre blanc représentant Diane chasseresse, attribuée à Jean
Goujon. Cette belle statue, tirée du parc de
M. Donjeux, vient d'être restaurée avec soin ; elle
rappelle non seulement les formes de l'antique
dans les nus, mais encore dans le jet des draperies et dans la simplicité de l'exécution. On
voit dans une des niches du second ordre, qui
composent le portail d'Anet, une statue de
Diane posée debout et numérotée 119 (*voyez*
la description du portail, page 53). Cette
statue date du commencement de la renaissance des arts en France, elle paroît être de
l'auteur des bas-reliefs numérotés 133 , que
nous pensons être de la main du maître de
Jean Goujon : son nom est inconnu. Malgré
l'imperfection que présente l'exécution de ces
morceaux , on y retrouve le style sévère et les
principes que Jean Goujon a perfectionnés avec
plus d'art et de talent ; c'est ce qui m'a déterminé à placer quatre de ces bas-reliefs dans
la salle du quinzième siècle et deux dans celle
du seizième ; ils représentent des sujets tirés
de la passion de Jésus-Christ. Nous voyons

sous les numéros suivans des modèles et des archétypes en plâtre de Jean Goujon et de Paul Ponce. Plusieurs modèles en plâtre de la Fontaine des Innocens sont numérotés 137. Voici l'inscription qui fut proposée par Mr. J. Ph. Jannet, homme de lettres, pour décorer la Fontaine des Innocens , lorsqu'en 1781 il fut question de convertir le cimetière en marché , et d'y placer le beau monument qui fit la réputation de ce grand artiste.

Quæ loca flebilibus squabellant fœda sepulchris ,
Suppeditant lautas civibus ecce dapes.
Hinc pete quod rapidæ tibi det producere vitæ
Tempora : supremam sed meditare diem.

J. Ph. JANNET.

La Fontaine des Innocens fut fondée en 1550, et bâtie en définitif par Pierre Lescot et Jean Goujon , au coin des rues Aux-Fers et Saint-Denis. Lorsqu'il fut question , en 1781 , de démolir les maisons qui bordoient de ce côté la rue Saint-Honoré , pour ouvrir la place que nous voyons aujourd'hui , M. Quatremer de Quincy , artiste de mérite et savant littérateur , appelé depuis à l'Institut national, proposa de conserver cette fontaine et de la transporter au milieu de la place , où nous la voyons aujourd'hui. Ce projet , aussi sage qu'il étoit avantageux aux arts, en conservant aux amateurs un chef-d'œuvre et aux sculpteurs des modèles parfaits, fut heureusement exécuté. Hommage soit rendu au goût et aux lumières des artistes qui ont présidé à la restauration d'un monument qui honore l'école française [1] !

Nos. 144 et 146.

Un grand bas-relief en pierre de liais représentant Jésus-Christ au tombeau, que l'on attribue à Daniel Ricciarelli, plus connu sous le nom de Daniel de Volterre. Ce beau bas-relief, sculpté d'une grande manière, nous fait voir plusieurs têtes d'expression que l'on considère comme des chefs-d'œuvre. Daniel Ricciarelli, né à Volterre en Toscane, en 1609, peintre et sculpteur célèbre, vint en France pour fondre la statue de Louis XIII, que l'on voyoit à la place Royale. Il a dessiné et sculpté dans la manière de Michel-Ange, ce qui a fait dire à plusieurs auteurs qui ont écrit sur l'art de

---

[1] Le célèbre Pajou a exécuté les figures qui manquoient pour compléter les quatre faces du monument, qui, dans l'origine, n'étoit formé que de deux angles.

la peinture , qu'il étoit élève de ce grand homme , ce qui est impossible, puisque Michel-Ange, ce génie extraordinaire, naquit en 1474 , et qu'il est mort en 1564. On voit dans la galerie du Musée Napoléon plusieurs tableaux précieux de Daniel de Volterre , parmi lesquels on distingue celui qu'il a peint des deux côtés sur un marbre noir , représentant David vainqueur de Goliath.

Nº. 146.

Monument élevé à la mémoire de Charles-Quint , mort en 1558. On voit dans la partie supérieure son médaillon en bronze, orné de mascarons et d'arabesques ; le tout par Jean Cousin. Dans les bas-reliefs du soubassement, François Ier, représenté à cheval, paroît faire son entrée dans Milan.

BUSTES

DES HOMMES CÉLÈBRES DU SEIZIÈME SIÈCLE.

Les premiers, numéros 145 et 145 (bis) , fondus en bronze par Jean Cousin, représentent François Ier. Celui qui est placé au dessus de la porte du seizième siècle , dans un enfoncement circulaire à la manière de ce temps-là , représente le roi à mi-corps et cuirassé. Le

Jésus au Tombeau. (bas-relief.)

Senur del.

numéro 148 représente Guillaume Frœlich, grand capitaine, né à Soleure, en 1522, et mort à Paris en 1562. Frœlich se couvrit de gloire en 1554, à la bataille gagnée par les Français sur les Espagnols, près Cérisoles, village de Piémont. Voici son épitaphe telle qu'elle étoit dans l'église des Cordeliers :

Guilielmo Frolich nobili, ac strenuo equiti, prudenti solo dorem civitatis senatori, LL. Hel trib. ob eximias animi ejus virtules, resque prœclare gestas, civibus universœque suœ patriœ (ubi etiam veterem disciplinam militarem restituit) acceptiss. Qui cum XL. integros annos stipendiis regiis christianiss. magnâ animi alacritate militasset, terque, signis collatis victor conflixiset, suos veteranos, magno discrimine (nationi alioqui fortiss. insuetu.) per mare in Italiam trajecisset tandem sexagenarius (cui esendum erat) ut eadem perpetua animi constantia erga Francorum reges persisteret prefectus XXII signis, potremò in Galliam rediit, ubi Lutetiœ fatis concessit. Ejus cives gratiss. pientis animis, funus mortemque prosequuti, et prœcipuè Guilielmus Tugginer ejus nepos hoc monumentum postoritati, ac mœrentes posuerunt. Anno Domini M.D.LXII. Die IIIIa. decemb. [1].

-----

[1] Cette inscription a été anéantie pendant le cours de nôtre révolution, ce qui nous a déterminé à la rapporter ici malgré ses incorrections, ne pouvant plus la confronter sur l'original. *Elle n'est point imprimée dans d'autres ouvrages.*

Sous le numéro 149 , on voit le buste de
Jean-Baptiste Gondi , frère du cardinal , mort
en 1580, à l'âge de quatre-vingts ans ; il a été
sculpté par Prieur. Voici l'épitaphe que l'on
avoit gravée sur le soubassement de ce monument qui ornoit une des chapelles de l'église
des Grands-Augustins.

D. O. M.

*Jo. Baptistæ Gondio antiquæ nobilitatis patricio flo-
rentino , de patria , propinquis , amicis optimè merito,
in reges verò. V. Christianissimos , eosque continuos
(quorum duobus postremis magister Dominus fuit)
omnibus fideliss. atque integerrimi animi studiossimus ,
cum summa laude ac dignitate perfuncto. Hieronymus
francisci fratris filius, regius è nobilium genere cubicu-
larius , sociis tibi domestici doloris. V. C. Alberto
comite de Retz, franciæ Marescallo , et Petro episcopo
parisiensi cum illi Patruelem carissimum lugerent ,
ipse amantissimum et beneficentissimum mœreret. H.
M. P. obiit anno salutis M. D. LXXX annum agens
LXXX.*

Au dessous on lisoit cette traduction également gravée sur une table de marbre noir.

A DIEU TRÈS-BON ET TRÈS-PUISSANT.

A Jean-Baptiste de Gondi , issu d'une ancienne et noble famille patricienne de Florence,
qui s'est acquis un très-grand mérite dans sa

patrie, parmi ses proches et ses intimes amis,
et même envers cinq rois très-chrétiens, ayant
été maître d'hôtel des deux derniers, et recommandable par sa fidélité au service de tous
ces princes. Jérôme, fils de François, écuyer,
gentilhomme de la Chambre du roi, et l'illustre Albert, comte de Retz, maréchal de
France, et Pierre, évêque de Paris, furent
compagnons de la tristesse de sa maison, et
tous ensemble ont regretté leur oncle et très-
aimé bienfaiteur.

Priez Dieu pour lui.

On voit, sous les numéros 462 et 463, deux
bustes de Michel Montaigne, l'un, exécuté par
M. Leitier fils, et l'autre, par M. Deseine.
Montaigne est né en 1533, dans le Perigord,
au château de ce nom, de Pierre Eyquem,
seigneur de Montaigne, depuis maire de la
ville de Bordeaux. Nous ne nous étendrons pas
sur la vie, sur les vertus et sur le rare mérite de Michel Montaigne; il est de ces hommes qu'il suffit de nommer pour en faire
l'éloge. Montaigne mourut à l'âge de soixante
ans, en 1592, après avoir joui des honneurs
que l'on devoit à ses grands talens. Sous le
numéro 150, nous voyons un buste en marbre
blanc que l'on considère comme le chef-
d'œuvre de Barthelemy Prieur, c'est celui de
Christophe de Thou, seigneur de Bonneuil,

président au Parlement de Paris , mort en 1584. Christophe de Thou servit avec un courage signalé les rois Henri II , Charles IX et Henri III qui le pleura amèrement , et qui lui fit faire des obsèques solemnelles. Le buste de ce vertueux magistrat est placé dans un renfoncement circulaire qui concourt à l'ensemble du mausolée de cette famille , que j'ai restauré avec les débris d'une chapelle qu'elle avoit fait bâtir à Saint-André-des-Arcs , où elle avoit sa sépulture [1]. Dans le prochain volume , je donnerai la description de ce beau monument sous les numéros 165 et 166. Voici les épitaphes qui accompagnoient le buste de Christophe de Thou.

D. O. M.

Christophoro Thuano, *Augus. F. Jac. N. Equiti qui onmibus togœ muneribus summá cum eruditionis , integritatis, prudentiœ, laude perfunctus, amplissimosque honores sub Francisco I°. , Henrico II , regibus consecutus, senatûs parisiensis prœses, deinde princeps: sacri consistorii consiliarius , mox Henrici tunc Aurel, ac demùm Francisci Andegavium ducis cancellarius ,*

---

[1] J'ai obtenu du propriétaire de l'église , qui depuis la fait démolir , tout ce qui apparfenoit à la chapelle de la famille de Thou.

tandem cum de judicario ordine emendando, quæsturæ
regno fraudibus ac rapinis vindicando , et scholarum
disciplina restituenda cogitaret , nulla inclinatæ ætatis
incommoda antea expertus , ex improvisâ febri decessit,
uxor , liberique mœrentes posuére. Vixit annos 74 ,
dies 5. obiit anno sal. 1582. cal. nov.

A U T R E.

Cy gist et repose , en attendant la résurrection des morts , le corps de feu vertueux
seigneur messire Christophe de Thou , chevalier , conseiller du roi en son Conseil privé
et d'Etat , premier président en sa Cour de
Parlement , chancelier de Monseigneur , frère
unique du roi ; sieur de Bonnœil, Cely ,
Steins , Saint-Germain , Charenton , Saint-
Maurice , Aimery , Chanceville , Fromont ,
Villiers et Gonesse ; lequel après avoir très-
vertueusement vécu soixante et quatorze ans
trois mois , mourut encore plus heureusement
le premier jour de novembre , l'an de grace
M. D. LXXXII.
Mane nobiscum Domine.

Au dessous de cette inscription on lisoit
l'épitaphe suivante , qui fut posée en l'honneur
de Jean de Thou , son fils aîné , qui mourut
trois ans avant son père.

Cy gist noble homme Jean de Thou , sieur
de Bonnœil , en son vivant conseiller du roi, et

maître des requêtes ordinaire de son hôtel ,
fils aîné de messire Christophe de Thou ,
chancelier , premier président en la Cour de
Parlement à Paris , décéda le cinquième jour
d'août mil cinq cent soixante et dix-neuf.

Mens sana in corpore sano.

La fille aînée de Christophe de Thou avoit
épousé Philippe Huraut de Cheverni , chancelier de France ; elle fut enterrée dans l'église
Saint-Germain-l'Auxerrois , dans sa chapelle
particulière , où on lisoit l'épitaphe suivante :

ANNÆ THUANÆ.

Quæ sanctitate morum , matronali decore ,
Præclará pudicitiá ,
Et felici fœcunditate viro probata ,
In ipso ætatis flore ,
Quod mortale fuit reliquit ,
Ut quod immortale est consequeretur :
Philippus Huraltus Chevernius ,
Post justa funebria ,
Et corpus majorum sepulchro
Rite illatum ,
In sacro hoc secessu ,
Quo illa frequens Dei cultrix
Adire solita fuit ,
Hunc quoque tumulum posuit ,
Communibus liberis maternæ pietatis
Et Religionis Documentum
Ac monumentum

Æternæ memoriæ
Uxoris incomparabilis.
Vixit an. 35, mens. 6, dies 17.
Obiit an. 1584. die 17 julii.

Le buste en terre cuite, numéroté 151,
représente Bon Broué , président aux en-
quêtes, etc., mort en 1588. Son épitaphe que
je rapporte a été relevée avant la destruction
de ce monument dont il ne reste plus que le
buste médiocrement modelé ; elle est de son
neveu Pierre de Montchal , avocat , qui lui
avoit fait ériger un cénotaphe dans l'église des
Grands-Augustins.

D. M.

Qui sculptos magni voltus advortis viri
Asta , dum faxo quis siet ut intelligas.
Bonus Broccæus Turon. ad Rhodan. inter consultos
Juris consultiss. in supremá curiá Paris.
Castiss. integerrimeq sedit , præsedit annis*
Duodetriginta senator , dein præses primæ
Inquisitionum classis , jussu Regum christianiss.
Et Catharinæ matris augustæ , magnis de rebus
Legationes in Italia obivit feliciter , sacerdos et
Cænobiarcha , pietatem imprimis coluit , clerique
Jura de mandatu pontif. maximor. sæpius
Tutatus est , de excessu longè cogitans , ut
Vivus mortuus vivis prodesset , templis , scholis
Ptochotrophys coalocandis virginibus

Grandem pecuniam suprem. tabulis reliquit,
Quin et Turoni VII. studiosorum collegium.
Instituit, iisque musœum, alimentaque perpetuò
Legavit. Tandem inter labores sensim et sine
Sensu obrepsit somnus, qui dum putatur lœtus
Et mollis, in lethœum versus est. cal. mart.
M. D. LXXXIII.

Sous le numéro 155 on voit le buste en bronze d'Olivier Lefebvre d'Ormesson, provenant des Bons-Hommes de Passy. Ce buste passe pour avoir été modelé par Paul Ponce. Voici les inscriptions gravées sur un marbre noir qui étoit placé au dessous du buste :

D. O. M. et M.

Olivary le Fevre, equitis, Domini Dormeson Deaubonne et de Lezeau, regis ab interioribus consilijs et in camera Computorum Præsidijs, viri morum sua-vitate et vitœ probitate spectatissimi : Qui postquam rei quœstoriœ munera ferè omnia gradatim obtinuit, et in ijs gerendis perspecta est eius integritas et fides, dignus qui virtutis præsidium aliquod consequeretur summa-rum rationum Præsidis munus quœstoribus quibus meruerat plenus annis, amicis, honoribus, excessit è vita, annum agens septuagesimum quintum, die 26 Maij, anno salutis millesimo sexcentesimo.

Et M.

Annœ d'Alesso, eiusdem fidelissimœ coniugis, quœ

pari fortuna, et in summa laude concordiæ leniter
tam exegit. Et obijt die septima Octob. Anno Domini
590, ætatis quinquagesimo.

Olivarius paterni Magistratûs successor. Andræas
Curia Parlamenti. Nicolaus in maiori Consilio
egis Consiliarij parentibus suis mæstissimi posuére.
    Cui nasci contigit, mori restat.

Au dessous du buste d'Olivier d'Ormesson,
ont je viens de parler, on voit sous le même
uméro une épitaphe gravée sur un marbre
oir incrusté dans un marbre blanc qui est
rné de deux petites figures sculptées par
ermain Pilon. Voici ce qui est écrit sur ce
arbre :

> Cy devant gist noble damoiselle Magdeleine
> d'Alesso, en son vivant femme de noble
> homme Pierre Chaillou, secrétaire de la
> Chambre du roi ; laquelle trépassa le 24ᵉ jour
> d'août 1583, ayant élu ici sa sépulture avec
> feus nobles personnes Jean d'Alesso, petit neveu
> de Monsieur Saint-François de Paule, sieur
> de Lezeau et de Ragny, et damoiselle Marie
> de la Saulsaye, ses père et mère.

Sous les numéros 152 on voit deux bustes
n marbre provenant de Saint - Germain-
Auxerrois, l'un, représentant François de
Montholon, garde des sceaux, mort en 1590 ;
t l'autre, Jacques de Montholon son fils.

jurisconsulte célèbre, qui nous a laissé des Mémoires fort estimés, mort en 1622. Et sous les numéros 153, 154 et 155, ceux de Thomas Elbenne Briçonnet, secrétaire du roi, mort en 1593 ; Nicolas Brulard, célèbre en 1589 et 1598, et celui de sa femme, sculptés en marbre blanc, et provenant des Grands-Augustins, où ils avoient leurs sépultures. Nous voyons sous les numéros 547, 548 et 549, les bustes en albâtre, sculptés par Germain Pilon, de Henri II, de Charles IX et de Henri III. J'ai acheté ces bustes précieux pour la vérité des têtes et la recherche dans les draperies, à un serrurier du village de Monceaux, qui les avoit acquis au château de Rincy, dont ils ornoient le salon. Je terminerai la nomenclature des bustes qui enrichissent la salle du seizième siècle, par celui d'un militaire qui s'est rendu recommandable, non seulement par ses talens, mais encore par son extrême attachement pour Henri IV, avec lequel il avoit combattu ; et par celui de Pompone de Belliévre, chancelier de France, et de Nicolas son fils.

N°. 464.

Le buste en marbre blanc de Dominique Sarrède de Vic d'Ermenonville, sergent de

bataille , successivement gouverneur de Calais,
et ensuite d'Amiens , lors de sa reprise par
Henri IV , en 1571. Sarrede s'est singuliérement distingué à la bataille d'Ivry , où il eut
la jambe emportée d'un boulet de canon. Son
amour pour Henri IV étoit si grand , que passant par la rue de la Féronnerie deux jours
après l'assassinat de ce prince , il y fut saisi
d'une telle douleur , qu'il en tomba presque
mort sur la place même ; on l'emporta sans
connoissance dans un hôtel , où il expira le
lendemain , sans avoir pu proférer une parole.
On lui érigea un tombeau à Ermenonville ,
avec ses armes , dont on fit un trophée. Voici
ce qu'on lisoit au bas de ce mausolée remarquable par sa simplicité :

En ce bocage où ton laurier repose
   Sur le joli myrte d'amour ,
   Ton fidèle sujet dépose
   Ses armes à toi pour toujours.
   O mon cher , mon bien aimé maître !
   J'ai déjà , sous ton étendard ,
   Perdu de mes membres le quart ;
   Te voue ici mon restant être.
Que si d'un pied marche trop lent pour toi ,
   Point ne faudroit meilleur aide ;
   Car pour combattre pour son roi ,
   L'amour fera voler Sarrede.

Par les numéros 156 et 157, sont désignés premièrement une mosaïque représentant la Vierge, avec l'Enfant-Jésus sur ses genoux, accompagnée de deux anges en adoration. Ce tableau, exécuté à Florence en 1560, a été apporté en France par un nommé David, président au Parlement de Paris, ainsi que l'annonce l'inscription dont il est chargé, qui a été fabriquée avec le tableau lui-même. Le second morceau est un recueil d'émaux, formant deux tableaux composés chacun de seize sujets représentant des traits pris dans la Passion de Jésus-Christ, des portraits de rois, d'évêques, de poètes et des Vertus, etc. Ces trois tableaux sont placés dans la salle du quinzième siècle [1].

----

[1] Ce bas-relief en pierre de Vernon, que j'ai décrit sous le numéro 470, dans les notices historiques du Musée, a été employé depuis à la restauration du mausolée de Villiers de l'*Isle-Adam*. *Voyez* le n°. 447, tome III, page 50. Ce monument, d'un style agréable, d'une belle exécution, et représentant l'adoration des Mages, avoit été exécuté pour l'autel de la chapelle du château d'Anet ; il a été mutilé avec acharnement par les habitans de ce bourg ; enfin, pour le soustraire à la destruction qui le menaçoit, je l'ai acheté d'un maçon nommé Tessier, qui vouloit en faire le palier de sa porte.

Nᵒˢ. 270 et 270 (*bis*).

Les bustes en marbre blanc de Pompone de Belliévre et de Nicolas de Belliévre son fils. Pompone de Belliévre, chancelier, servit la France sous cinq règnes différens; il obtint par sa sagesse, sa fidélité et son intégrité, le surnom de *Nestor de son siècle*. Le roi Henri IV lui ôta les sceaux, en 1605, pour les donner à Nicolas Brulard de Sillery, qu'il vouloit récompenser des services qu'il lui avoit rendus dans la rupture de son mariage avec Marguerite de Valois, et dans la négociation de celui qu'il contracta ensuite avec Marie de Médicis. Pompone de Belliévre, considéré comme le plus grand magistrat de son temps, ne put résister à cette injustice, il mourut de chagrin, le 5 septembre 1607, à l'âge de soixante et dix-huit ans, et fut enterré dans l'église de Saint-Germain, où on lui avoit érigé un cénotaphe sur lequel étoit son buste, accompagné de deux figures allégoriques, le tout sculpté par Barthelemy Prieur. Près de ce cénotaphe, posé dans une chapelle particulière consacrée à la sépulture de cette famille respectable, on voyoit le buste, aussi en marbre, de Nicolas de Belliévre son fils, désigné dans ce Musée par le Nᵒ. 270 (*bis*). Nicolas de Bel-

liévre, président à Mortier, au Parlement de
Paris, mort à l'âge de soixante-sept ans, en
1650, eut un fils qu'il nomma Pompone, par
respect pour la mémoire de son père. Le fils
de Nicolas de Belliévre ne démentit point les
espérances de son père et il devint aussi célèbre
dans la magistrature que l'avoit été son grand-
père. Pompone de Belliévre, fils de Nicolas et
de Claude Brulard (dit Piganiol de la Force),
fut aussi grand personnage que son grand-père,
mais d'une vertu trop austère, et qui n'entroit
pas assez dans les vues de ceux qui gouvernoient
le royaume. Il fut ambassadeur extraordinaire
dans les Cours des princes d'Italie, puis en
Angleterre, auprès du malheureux Charles Ier,
et enfin, en Hollande : au retour de cette am-
bassade, en 1651, il fut fait premier président
du Parlement de Paris, en la place de M. Molé,
devenu garde des sceaux ; il mourut le 13
mars 1657, et fut inhumé auprès de ses pères.
Voici une inscription que j'ai eu occasion de
copier au bas de son portrait, qui appartenoit
à quelqu'un de la famille :

Hvc , Viator, propera,
Gradvm sistere felicivs non potes,
Prævt vbi constitit
Pomponivs Bellevrævs :
Hoc est,
Vbi

Uirtvti thronvs ,

Jvri trivmphvs ,

Magnitvdini theatrvm ingens ,

Felicitati felix pompa.

Uin'tv intveri

Belleuræorvm

Clavdii , Joannis , magni illivs Pomponii ,

Clavdii , Alberti , et Nicolai :

Patarini item , fayorvm , et Sylerii

Clarissimas dotes , resqve egregias ;

Qvibvs fulgere possint illvstrissimi qviqve

Senatores , procvratores fisci ,

Præsides infvlati , Proto-præsides ;

Præfecti ærario , cancellarii ,

Galliarvm primates ?

Vniuersvs hic splendor

Sic et toties se per svccedaneos heroas agitauit ;

Donec in Pomponivm nepotem ,

Totvm se ageret :

In qvo vno , fœcvndandis uirtvtvm seminariis ,

Exisse dixeris lineæ nobilis integram magnificentiam ,

Magnificum integritatem :

Vt uirtvtes heroicæ , qvæ in Avis præluxére singulæ ,

Elucerent in nepote ,

Mvltipliciter singvlares , et singvlariter mvltæ !

Pomponivs Belleurævs

Vltra hvmanvm morem uisvs est,

Non ad mortem ,

Sed ad vitæ ac mortis natvs arbitrivm ,

Nempe , Jvris

In sinv pvrpvreo statim per parentem Nicolavm exceptvs ;

In senatoriis et libellorvm svpplicvm mvneribvs edvcatvs ;

In primaria Præsidvm infvlatorvm Majestate exercitatvs ;

Avrevm breui euasit capvt ,

In principe Galliarvm Senatv delectvs princeps ;

Et, qvod jvre optassis,
Dilectvs :
Per eam vbiqve morvm dvlcedinem ;
Vt dixeris
Non mamma mvliebri lactatvm olim ;
Sed manna cœlesti delectatvm ;
Per eam prvdentiœ svauitatem ;
Vt nihil esset adeo intricatvm, qvod non solueret :
Nihil adeo dissitvm qvod non componeret.
Et qvod jvris palmarivm est ;
Si qva cavsa grauior dijvdicanda,
Humanvm tribvnal non ante conscendere svetvs,
Qvam diuino procvmbens,
Jvdicem vniuersorvm pro reatibvs propriis exorasset,
Consvltasset pro alienis.
Qvantvm pvtas ;
Cvi ad virtvtis mvnia, et ad famam nominis,
Gallia minor ?
Pacis Angelvm
Amauit Italia :
Fœderis cadvceatorem
Gestiit Germania :
Oppressœ fidei defensorem
Optauit Anglia :
Potitœ omnes.
At svper omnes,
Non tacebit Gallia, immo ecclesia prœdicabit totœ
Pavpervm parentem.
Tam expedita vbiqve uiro celeritas ;
vt intra annos vnvm et qvinquaginta, expleverit omnia
Auiti sangvinis decora,
Svmmi et integerrimi magistratvs exempla,
Christiani hominis officia.
Nec dvbita œternis svsceptvm tabernacvlis ;
Nisi fidem negas oracvlis.

Fecit sibi
Certissimos de mammona amicos ;
Fidelissimos de eleemosyna patronos:
Qvam mvltos certe excipiet, fovebitqve
Insigne illvd
ΠΑΝΤΟΔΑΠΟΝ ΠΓΩΧΟΔΟΧΕΙΟΝ.
Opvs
Vt svmmæ pietatis, ita et immensi meriti ;
Parenti Nicolao meditatvm div :
A Pomponio filio
Cæptvm et dotatvm.
M. DC. LVII.

N°. 546.

De l'Abbaye de Bon-Port.

Monument érigé à la mémoire de Philippe
Desportes, célèbre poète français, et l'un des
abbés de ce monastère, par Theobald Desportes son frère. Une colonne de marbre, dit
grand antique, d'un seul morceau, ornée de
son chapiteau et de sa base en marbre blanc,
s'élève sur un piédestal de marbre blanc,
chargé d'ornemens et d'un médaillon en
bronze, représentant Philippe Desportes, et
d'un vase de marbre de Paros, bleu et blanc,
est tout ce qui compose le monument simple qui
fut érigé au plus aimable poète de son temps.
Philippe Desportes, né à Chartres, en 1545,
d'un bourgeois de cette ville, s'éleva par son
propre mérite. Charles IX se l'attacha parti-

culiérement ; il suivit Henri III en Pologne ,
et prit , à son retour en France , parti pour la
ligue , par attachement pour le duc de Joyeuse,
auquel il étoit redevable de sa fortune. Cependant, après avoir considérablement contribué
à faire rentrer les Normands dans l'obéissance ,
il obtint les bonnes graces de Henri IV, qui
le combla de biens ; il mourut dans son abbaye
de Bon-Port , le 5 octobre 1606 , à soixante-
quinze ans. Desportes, plus philosophe que
religieux , fit des poésies érotiques qui sont
fort estimées. On croit que ce fut Diane de
Cossé-Brissac , sa première maîtresse , qui lui
inspira du goût pour la poésie. Cette charmante femme , surprise avec son amant , fut
tuée par son mari dans un accès de fureur.
Hippolyte et Cléonice , aussi maîtresses de
Desportes, fortifièrent son goût pour la poésie
légère , genre auquel il s'adonna entiérement.
Ce savant , revêtu d'une grande considération
et d'un mérite éminent , conservoit une mo-
destie rare au milieu des honneurs. Peu de
poètes ont été aussi bien payés de leurs productions. Henri III lui donna dix mille écus
pour le mettre à même de publier ses premiers
ouvrages. Charles IX lui avoit donné huit
cents écus d'or pour un morceau de poésie, et
l'amiral de Joyeuse lui donna une abbaye pour

un sonnet. Desportes épura la langue, il en suprima le mauvais goût de latinisme qui régnoit de son temps, et qui avoit été mis à la mode par Ronsard.

> Ce poète orgueilleux, trébuché de si haut,
> Rendit plus retenus Desportes et Bertaut.
>
> BOILEAU.

Desportes fit l'épitaphe suivante pour Belleau, poète célèbre, né à Nogent-le-Rotrou, en 1528, qui mourut à Paris, en 1577; il fut enterré aux Grands-Augustins. Belleau a laissé des ouvrages qui ont de la réputation; on cite entr'autres ses pastorales, son poëme de la nature et de la diversité des pierres précieuses, etc. Ronsard l'appeloit *le peintre de la nature*.

ÉPITAPHE

DE BELLEAU, PAR PHILIPPE DESPORTES.

O qu'un grand reliquaire est clos en peu de place !
Passant, prends-y bien garde. En ce lieu si serré,
Avec un seul Belleau, tu peux voir enterré
Phœbus, Amour, Mercure, et la plus chère Grace.
J'avois cru jusqu'ici que la céleste race
S'exemptoit du passage aux mortels préparé;
Mais sa fin m'a rendu le contraire avéré,
Voyant mourir en lui tout le chœur du Parnasse.
Jamais plus rare esprit d'un corps ne fut vêtu,
Ce n'étoit que douceur, que savoir, que vertu,
Dont mainte grande lumière en terre étoit rendue.

Maintenant d'un cercueil tous ces biens sont enclos :
Non , je faux , le tombeau n'en serre que les os ,
Et partout l'Univers sa gloire est espandue.

Ph. Desportes.

*Autre morceau de Philippe Desportes , dans
lequel on trouve beaucoup de grace , et
même de l'élégance.*

O sommeil , doux repos des travaux ordinaires ,
Charmant par ta douceur les pensers ennemis !
Charme ces yeux d'Argus qui me sont si contraires ,
Et retardent mon bien , faute d'être endormis.
Je voudrois être roi pour faire une ordonnance ,
Que chacun dût , la nuit , au logis se tenir :
Les amoureux , sans plus , d'aller auroient licence ;
Si quelque autre sortoit , je le ferois punir.

Ph. Desportes.

Son talent de poète lui rapportoit beaucoup
d'argent , si l'on en croit les historiens de son
temps , ce qui fit dire à Balzac , en parlant de
lui : « que les dix mille écus de rente que ses
vers lui avoient acquis, pouvoient être regardés
comme un écueil contre lequel dix mille poètes
s'étoient brisés ». On prétend que Philippe
Desportes avoit modelé sa manière de versifier
sur celle de Melin de Saint-Gelais. Voici une
épitaphe de ce poète aimable , l'ami de François Ier, que nous rapportons ici pour servir de
comparaison avec celles de Philippe Desportes.

Sachez, passans, qu'en ce sépulcre bas,
Gissent enclos d'amour tous les ébats,
Et tous ces feux éteints avec la cendre
D'une qui sceut cent mille cœurs esprendre;
Et qui plus haut n'eslevoit son desir,
Qu'à recevoir et à donner plaisir,
De sa beauté et de son embompoint,
Ne croyant rien de ce qu'on ne voit point.
Un mari eut, qui pas seul ne l'avoit,
(Car vivre ami des amans il s'avoit).
Donc pour sa mort vefve elle ne devint;
Ains se trouva femme de plus de vingt;
Or, vous qui vœufs d'elle estes demeurés,
(Si encor sont vos cœurs énamourés,
Vous ressentans de sa flamme ancienne)
Marchez légers sur cette tombe sienne,
Pour n'esveiller, en son corps reposant,
Quelque desir qui lui soit plus pesant,
Ayant la charge, et non point les effets,
Que de ce marbre et de vous n'est le faix.

L'abbaye de Bon-Port, de l'ordre de Cî-
teau [1] étoit fort ancienne; elle étoit située dans
le département de l'Eure, à une demi-lieue
du pont de l'Arche, petite ville baignée par
les bords de la Seine. Richard Ier, roi d'Angleterre, passe pour être le fondateur de ce

---

[1] Cette belle maison a été vendue depuis la révolution,
à M. de la Folie, qui a bien voulu céder les monumens
qu'elle renfermoit, pour ce Musée.

monastère; Philippe Auguste et Louis IX
dit le Saint, confirmèrent la fondation de l'ab
baye de Bon-Port, et contribuèrent considé
rablement à son agrandissement et à son em
bellissement. Voici les inscriptions dont l
piédestal du monument de Philippe Desporte
est chargé :

ÉPITAPHE.

D. O. M. S.

*Philippo Portœo hujusce cenobii abbati commenda
torio , morum suavitate , elegantiá ingenii omniqu
eruditionis ac virtutis genere Prœclaro. Pœtices ver
peritœ adeo excellenti ut ei uni omnes suas artes musc
aperuisse viderentur ; quibus dotibus omnium calcul
gallicorum poetarum sui temporis facile princeps
antiquis etiam latinis ac grœcis non inferior habitus
christianissimis regib. Carolo IX, Henricis III et I
tam gratus extitit ut à principum munificentiis libera
litate plus ei collatum sit quàm moderantissimi vir
natura capere potuit, raroque hac ambitiosissima tem
pestate spretœ potestatis exemplo primum amplissimun
notarii archiepiscopatum recusarit.*

*Huic licet ad sempiternam gloriam inter tot eximia
virtutes, psalmorum Davidis absolutissima versibu
gallicis expressio sufficiat, attamen Theobaldus Porta
rus Bevillarius pietatis gratique animi erga fratren
optimum bene de se, bene de republica meritum, hic i
spe resurrectionis beatœ quiescentem , istud monumen-*

n extare voluit lubenterque manibus fecit condere.
ixit an. LXXV, obiit III non. VIII bres, an. reparatæ
er Christum salutis. M. DC. VI.

A U T R E.

Cy gist Philippe Desportes, conseiller du
roi en ses conseils d'Etat et privé, abbé des
abbayes de Josaphat-Thirou-Vaux, de Ger-
nay et de Notre-Dame de Bon-Port, qui décéda
en ladite abbaye de Bon-Port, le VIme. jour
d'octobre M. DC. VI. *Priez Dieu pour son ame.*

N°. 545.

Les statues en pierre de liais et couchées de
ouis, seigneur de Rouville, Grainville, et
atres lieux, grand veneur de France, mort
n 1527, et de Susanne de Coësme sa femme,
ont posées sur un simple cénotaphe. Fran-
ois Ier. institua Louis de Rouville grand maître
nquesteur et réformateur des eaux et forêts
es provinces de Normandie et de Picardie ; il
i avoit donné, en 1518, la ville de Caudebec
n *Fief-Ferme*, et le fit lieutenant général au
ouvernement de Normandie, en 1525, ainsi
u'il étoit mentionné dans l'épitaphe qui or-
oit son tombeau. Louis de Rouville mourut
Lyon, et fut enterré à l'abbaye de Notre-
ame de Bon-Port, près le pont de l'Arche,

où se voyoit son tombeau ¹. Voici son épitaph
telle qu'elle étoit figurée sur le monument :

> Cy gist noble et puissant seigneur messire
> Louis de Rouville, en son vivant chevalier,
> consciller, chambellan du roi notre sire, et
> seigneur dudit lieu de Rouville, de Granville,
> la Tinturière, Bouille, Saint-Ouen, Villiers-
> Cul-de-Sac; grand maistre enquesteur et réfor-
> mateur des eaux et forêts en Normandie et
> Picardie, capitaine des Gendarmes, grand
> veneur de France et lieutenant général du roi
> notre sire en Normandie, lequel trépassa à
> Lyon, le XVIIme jour de juillet M. CCCCC.
> XXVII.

COSTUME.

Louis de Rouville est représenté tout armé
à la manière des chevaliers de son temps. S
tête est découverte ; il a les cheveux coupé
et la barbe longue : on voit sur sa cotte d'arm
deux poissons qui composent ses armes, et l
légende suivante qui est gravée sur son bau
drier : *Qui le droit de chasse garde le change*
Le vêtement de Coësme sa femme est sembla
ble à celui que portoient les femmes à cette épo

---

¹ Ce monastère a été vendu et démoli depuis la ré
volution. C'est de M. de la Folie, propriétaire de
restes de cet antique édifice, que j'ai obtenu les monumens de Desportes et de Rouville.

Statues Couchées
de Rouville et de sa Femme.

e, comme on peut le vérifier sur les statues
i sont dans ce Musée, à l'exception ce-
ndant d'un tour de gorge fermé et plissé
i monte jusqu'au cou, et d'une chaîne d'or
double rang qui descend sur sa poitrine,
ısi qu'on le voit sur la gravure ci-jointe.

N°s. 160 et 160 (*bis*).

Monument érigé à Gui du Faure, seigneur
Pibrac, président à Mortier du Parlement
Paris, mort en 1586, à l'âge de soixante
s. Ce monument a été composé avec un
arbre, sur lequel est gravé l'abrégé de sa vie
latin, et plusieurs de ses quatrains en vers
ınçais. Voici l'un et l'autre :

ÉPITAPHE.

TUMULUS

VIDI FABRI PIBRACHII.

Hìc teguntur cineres tantum, et ossa Vidi Fabri
ıbrachii : nomen ejus, virtusque spirat in ore et ad-
ıratione populorum omnium, quos non solùm orbis
ristianus, sed oriens, et intima Scytharum ora vidit :
nus illi à stirpe veterum Fabronum, quœ neminem
ıbuit, in tàm longá serie annorum plus quàm trecen-
rum, qui non aut ex ordine senatoria in toga illustris,
ıt inter fortes rei militaris ac bellicœ gloriá famáque
signis fuerit ; ipse qui nasci ab illis fortuitam neque
ıtrà duxit, cùm per omnes iret dignitatum et honorum
ıdus, tribunal emptum nummario pretio, nec insedit,

nec appetivit unquam ; virtute non censu , meritorun.
æstimatione , non divitiarum magnitudine ratus censer
munus , et religionem judicantium. Sub Carolo I.
primum ex prætura Tolosana accitus in urbem et missu
Tridentum (quo tum sanandis , formandisque rebu
Ecclesiæ adversùs furentem impietatem sectariorun.
convenerant secta Regnorum et Provinciarum nomin.
christiani lumina) sic renuntiavit summam imperate
legationis, sic Gallici nominis prærogativam, Regisqu
sui jus , ac dignitatem fandi prudentiâ et ubertat.
asseruit , ut cùm gratiæ causâ nihil diceret, omni
tamen essent illic omnibus grata quæ diceret : illin.
reversum , non in prioris provinciæ prætura et magis
tratu otium , sed altior honos ad negotia traxit , evectun
ad regiæ advocationis munus in augustiore et primari
Galliæ totius senatu , ubi cùm auctior fama virtutun.
in dies cresceret et triumpharet ejus oratio , raptus es
velut in selectiorem et sanctiorem illorum ordinem , qu
arcana regni et tacitas principis meditationes cognosci
ac regit , et mox deinde Henrico III quem tunc Polon
publico , solemni, comitiorum ordinumque regni su
decreto regem sibi rementiarant , datus omnium aucto
ac princeps consiliorum , quæ sic temperavit arte, ju-
dicio , sapientiâque , ut brevi præter spem omnium ,
in tanta rerum difficultate avito eum Galliarum regn.
tuendo rursus incolumem et salvum reddiderit ; e
quærentes nihilominus per secessionem Poloniæ proce-
res , cui se , regnique jura permitterent , aliquandiu
interim in prioris sacramenti fide , et regis obsequic
continuerit ; tùm his perfunctum , et redditum sibi ,
excepit rursum senatus , sed inter præsides suos ,
otiumque fecit , in quo patriis verbis tetrasticis nume-

ris ea suis vita præcepta composuit, quæ propter exi-
miam vim sapientiæ populorum omnium sermone versa
teruntur, non sine præcipua autoris sui apud Turcas,
etiam et Barbaros veneratione. Ad extremum quoque
Francisco Henrici regis fratri minori, quem inferioris
Germaniæ populi ducem, ac principem sibi dixerant,
à rege quæstor sacri palatii, et cancellarius serò missus
(qui è rebus jam desperatis ac penè eversis) cum inde
redisset, morbo diem suum gloriæ plenus feliciter
clausit an. 1584, 2 maii.

QUATRAINS.

Dieu tout premier, puis père et mère honore,
Sois juste et droit, et en toute saison ;
De l'innocent prends en main la raison,
Car Dieu te doit là haut juger encore.

Heureux qui met en Dieu son espérance,
Et qui l'invoque en sa prospérité
Autant ou plus qu'en son adversité,
Et ne se fie en humaine assurance.

Il est permis souhaiter un bon prince ;
Mais tel qu'il est, il le convient porter ;
Car il vaut mieux un tyran supporter,
Que de troubler la paix de la province.

Songe longtemps avant que de promettre ;
Mais si tu as quelque chose promis,
Quoi que ce soit, et fust-ce aux ennemis,
De l'accomplir en devoir te faut mettre.

Numéro 160 (*bis*), portrait de Gui du
Faure, gravé d'après une peinture sur bois

faite de son temps. Gui du Faure, seigneur de Pibrac, fut député aux Etats d'Orléans, en 1560 ; Charles IX lui donna ensuite le titre d'ambassadeur au Concile de Trente. S'étant distingué dans plusieurs occasions, le chancelier de l'Hôpital le fit nommer avocat général du Parlement de Paris, en 1565. Après s'être montré avec éclat, il suivit le duc d'Anjou en Pologne, et répondit pour lui dans les harangues. Ce prince lâche, fuyant secrètement de la Pologne en abandonnant ses sujets, laissa Pibrac à Cracovie, qui fut exposé à la fureur des Polonais, qui vouloient se venger sur lui de la fuite du duc d'Anjou.

N°. 557.

Bas-relief en marbre, attribué à Jean Cousin, représentant, dans l'attitude d'un homme endormi, François, comte de la Rochefoucault, mort en 1517. Il fut tour à tour chambellan des rois Charles VIII, Louis XII et François Ier. Il avoit tenu ce dernier sur les fonds de baptême, en 1494. Anne de Polignac sa brue, qui lui avoit fait ériger ce monument, est représentée près de lui dans une attitude douloureuse [1].

---

[1] Les débris de ce beau monument détruit par la

François Ier. n'oublia jamais les services importans que François de la Rochefoucault avoit rendus à l'Etat sous les rois ses prédécesseurs ; aussi, dit-il dans ses lettres d'érection à la place de chambellan : *Que c'est en mémoire des grands , vertueux et très-bons et très-recommandables services qu'icelui, François de la Rochefoucault, son très-cher et amé cousin et parrain avoit faits à ses prédécesseurs à la couronne de France et à lui.* Anne de Polignac, veuve du comte de Sancerre, tué à la bataille de Pavie, épousa, en 1528, François de la Rochefoucault, fils du précédent. Elle reçut l'Empereur Charles-Quint dans son château de Verteuil, avec une noble dignité et une si grande magnificence, que ce prince en fut tellement surpris, qu'il dit *n'avoir jamais entré dans une maison qui mieux sentist la grande vertu , honnêteté et seigneurie que celle-là.*

N°. 562.

Monument qui fut élevé dans l'abbaye de Barbeau, à la mémoire de Martin Freminet,

---

vente du domaine qui le renfermoit, furent vendus: Je me suis procuré ce bas-relief, la seule pièce qui en restoit, d'un marbrier qui l'avoit acquis avec les autres débris de marbre.

peintre, né à Paris, en 1567, dont on voit le buste en bronze, fait par Francheville, supporté par une console, et orné de bas-reliefs et d'arabesques [1].

Cet artiste célèbre, fils d'un peintre médiocre, reçut de son père les premières notions du dessin. Il passa ensuite dans l'école de Jean Cousin, dont il saisit bientôt la grande manière. Son premier ouvrage fut un Saint Sébastien qu'il peignit pour l'église Saint-Josse, à Paris. Ce tableau fit beaucoup d'honneur au jeune Fréminet, qui avoit alors vingt-cinq ans ; il passa ensuite en Italie, pour perfectionner son talent. Les ouvrages de Michel-Ange et de Parmesan furent les modèles qu'il se proposa d'imiter. Freminet demeura quinze ans, tant à Rome qu'à Venise, et à Florence. Les études sérieuses qu'il fit dans cette dernière ville, fortifièrent son goût pour le grand style et multiplièrent considérablement ses connoissances.

Ce grand peintre excelloit surtout dans la composition de ses tableaux ; il fut bon géomètre et grand anatomiste : sa manière de

---

[1] Ce monument, pendant la révolution, passa à Melun après la vente de l'abbaye de Barbeau Il devint la propriété d'un chaudronnier, avec lequel j'en traitai, pour le réunir à la collection de ce Musée.

faire est grande et sa couleur vigoureuse. De retour en France, après avoir fait plusieurs grands ouvrages pour le duc de Savoie, Henri IV l'accueillit, le nomma son premier peintre après la mort de Dubrueil, et lui donna la chapelle de Fontainebleau à décorer. Il reçut des mains de Louis XIII le cordon de Saint-Michel, avec des lettres de noblesse, et mourut à Paris, en 1619. Son corps fut porté dans l'abbaye de Barbeau, où il avoit bâti un autel de la plus grande magnificence, tant par sa composition que par la richesse de ses détails, dont on voit encore les débris. On lui éleva un monument sur lequel on plaça son buste en bronze, de la main de Francheville son ami, et l'épitaphe suivante :

SISTE SIS VIATOR, ET PERLEGE.

Jacet hìc Freminatus cujus penicillo debemus, quod Gallia jam suo gloriatur Apelle, quem nasci voluerunt oculorum deliciæ, Rex, Aula, Virtus, si per fata liceret, voluissent immortalem, postquam artis suæ nobilitaverit lumen, et umbras istas hìc reliquit, illud verius retinuit. Obiit anno Martin Freminet, 18 juin 1619.

On lit dans le Voyage littéraire de deux Bénédictins, que Martin Freminet fut enterré

auprès de Jean Hory , ou Hery [1] , peintre célèbre de ce temps-là. Aucun ornement , aucune inscription ne décoroient la tombe de ce
peintre peu connu ; il a peint pour l'église
Notre-Dame de Paris un tableau sur bois, représentant le Jugement universel. Ce tableau ,
que j'ai vu avant la révolution , étoit composé
et dessiné dans la manière de Jean Cousin ,
ce qui m'autorise à croire qu'il étoit son élève.
Mais voici l'épitaphe qu'il fit pour Marie Recouvre sa femme , morte en 1507, et qui étoit
placée auprès du tombeau de Freminet.

*Tombeau de feue honorable femme Marie Recouvre,
femme de noble homme Jean de Hory , peintre ordinaire et valet de chambre du roy , laquelle décéda le
dernier jour d'avril 1607.*

Arreste-toy , passant , voy Marie Recouvre
Que Dieu , ces jours passez , voulut avoir à soy ;
Mais ce n'est que son corps que cette lance couvre ,
Son esprit dans le ciel fut porté par la foy.
Nous vécusmes conjoints d'une amitié si rare ,
Que passant avec moy jusqu'à six fois six ans ;
Dieu de notre union , que la Parque sépare ,
Gage de notre amour , fit naître dix enfans.

---

[1] On a souvent imprimé le nom de ce peintre sous
celui de Hery ; mais si l'on consulte l'épitaphe dont je
parle , il paroît certain qu'il se nommoit Hory.

Deux sont allez à Dieu , et les huit sont en vie ,
Qui , pour me consoler , s'efforcent bien souvent
De cacher le regret de leur perte infinie ,
Cessant le deuil du mort pour plaindre le vivant :
Agréables objets qui charmeroient mes peines ,
Si rien que la mort seule en avoit le pouvoir ;
 Mais de me consoler l'espérance est si vaine ,
Que ma douleur s'accroît du plaisir de les voir.
Tu peux donc voir icy la moitié de moy-même ,
Qui de son autre part attend l'assemblement.
Je suis l'autre moitié que la bonté suprême
Fait vivre pour plorer la mort incessamment.
Que dis-je , vivre ; hélas ! quel devis me transporte ?
En disant que je vis , je me trompe bien fort.
Non , je ne vis plus en celle qui est morte ;
Mais elle vit en moi , qui suis mort en sa mort.

Priez Dieu pour son ame.

L'abbaye de Barbeau , située au bord de la Seine , entre Melun et Fontainebleau , fut fondée par Louis le Jeune, vers 1160; avant la révolution , on y voyoit encore son tombeau qui étoit très-peu élevé de terre , à la manière de ce temps-là ; il étoit chargé d'une inscription que le cardinal de Furstemberg , abbé de ce monastère , fit graver après l'avoir relevé de l'état de ruine dans lequel il étoit avant lui ; la voici :

Piissimo regi Francorum Ludovici VII hìc sepulto XIX septembris M. CLXXX, mausoleum quòndam

*magnificum erexit Adelà regina ejus uxor, quod ve-
tustate collapsum instauravit pretiosas ejus reliquias
colligendo , eminentissimus , reverendissimus et celsis-
simus princeps Guilielmus ego landgravius à Furstemberg , S. R. E. Cardinalis , episcopus et princeps
Argentinensis , hujus regii monasterii abbas anno
M. DCXCV.*

N$_{os}$. 551 et 551 (bis).

De la ville de Magny.

Monument érigé à la famille de Villeroy ,
exécuté , à ce que l'on croit , par Germain
Pilon. On voit dans le milieu la statue en
marbre et à genoux de Nicolas Legendre de
Neufville , père du suivant , posé sur un cénotaphe en pierre , orné d'un marbre précieux ; on voit à sa gauche la statue en marbre
et à genoux de François Nicolas de Neufville ,
duc de Villeroy son fils ; et à sa droite , celle de
Madeleine de l'Aubespine sa femme. Deux
belles colonnes en albâtre calcaire transparent
ornent ce beau monument , que j'ai fait restaurer sur mes dessins. On lit dans la frise
cette devise : *Virtuti nulla procella nocet.*

François Nicolas de Neufville , seigneur de
Villeroy , conseiller et secrétaire d'Etat , fut
employé par Catherine de Médicis , dans les
affaires les plus délicates à traiter et les plus

Mausolée de la famille de Villeroi.

importantes pour la chose publique. Dès l'âge de dix-huit ans, il s'étoit acquis, par son mérite, une grande réputation et la plus haute estime. En 1567 (il avoit vingt-quatre ans), Charles IX lui donna la charge de sécrétaire d'Etat, qu'il exerça depuis sous les rois Henri III, Henri IV, et même sous Louis XIII, auquel il rendit les plus grands services. Il mourut à Rouen, en 1617, à l'âge de soixante-quatorze ans, pendant qu'on y tenoit une assemblée des Etats. Nous avons de lui des Mémoires sur la jurisprudence, qui sont fort estimés. On disoit de lui : *Villeroy, habile politique, ministre appliqué, humain, ennemi de la flatterie et des flatteurs, protecteur zélé des gens de bien et des gens de lettres, ami fidèle, bon père, bon mari, maître généreux, fut le modèle des bons citoyens.* Madeleine de l'Aubespine sa femme mourut au château de Villeroy, en 1596. Cette femme savante, dont la beauté étoit le plus bel ornement de la Cour de Charles IX, se rendit célèbre par son esprit. Nous avons d'elle une traduction des *Epîtres d'Ovide*, et plusieurs pièces de vers fort estimés. On lui attribue aussi des tragédies qui nous sont inconnues, puisqu'elles n'ont pas été imprimées. Ronsard a fait son éloge, et Bertaut, évêque de Séez, composa son épitaphe, qui a été totalement brisée, et dont je n'ai pu trouver aucuns vestiges. Voici la seule inscription qui soit conservée, et que j'ai employée dans la composition de ce monument.

> Cy gist messire Nicolas de Nevfuille, marqvis de Villeroy, seignevr d'Halincovr et Magny, baron de Bvry, conseiller dv roy en ses conseils d'Estat et priué, et premier secrétaire d'Estat et des commandemens et finances de sa majesté, lèqvel décéda le XII de décembre 1617.

La gravure numérotée 551 (*bis*) représente un monument d'architecture orné de bas-reliefs, représentant deux victoires, des frises, des masques et deux cariatides ronds-de-bosse, sculptés et composés dans le goût de Michel-Ange ; le tout exécuté par Germain Pilon. Cette belle cheminée, composée à la manière de ce temps-là, est un chef-d'œuvre de l'art pour la perfection du dessin et la précision du travail ; elle est en pierre de liais de la première qualité : c'est un chef-d'œuvre que l'on peut mettre à côté de l'autel d'Ecouen. Cette cheminée que j'ai placée dans la salle d'introduction, pour la rendre à son état primitif, décoroit le superbe château que les Villeroy, dont je viens de parler, avoient fait construire

.rès Mennecy. Ce château vient d'être dé-
noli par l'acquéreur, et c'est le seul monument
que j'ai pu recueillir de ce grand édifice que
Nicolas Legendre avoit fait construire. On lit
ncore dans la frise cette inscription : *Per
rdua surgo.*

N°s. 161 et 1550.

La statue à genoux et en marbre de la
emme Cœur, que l'on voit dans ce Musée
sous le numéro 161, n'offre rien d'intéressant.
Comme je n'ai obtenu aucun renseignement
positif sur ce monument qui étoit placé dans
l'église Saint-Germain-l'Auxerrois ; je ne l'ai
point fait graver. Les bas-reliefs qu'on voit
sous le numéro 550, représentent des allégories relatives à l'amour et à la chasse. La beauté
de leur travail suffit pour nous démontrer à
quel degré de perfection on avoit porté, dès
ce temps-là, la recherche dans les meubles.
Ces sculptures précieuses, exécutées en ébène,
formoient dans leur ensemble une espèce de
secrétaire que l'on dit avoir appartenu à la
belle Gabrielle d'Estrées.

N°. 163.

Statue en marbre blanc de Louis de la Trémouille, lieutenant général en Poitou, mort en

1613, âgé de vingt-sept ans. Il est représenté à genoux, armé et cuirassé de toute pièce.

Louis de la Trémouille, fort bien en Cour de son temps, descendoit de Jean de *Beaune*, pauvre garçon Bourguignon qui, sous le règne de Charles VII, vint demander du service à Tours, sous le nom de Beaune, qu'il avoit pris de la ville qui lui avoit donné le jour. Après avoir longtemps servi avec zèle un marchand de cette ville, il épousa sa fille, et commença ainsi sa fortune. Les descendans de ce garçon obtinrent des places éminentes, et s'allièrent, par suite de leur bonne conduite, aux Gouffier, aux la Trémouille, aux Montmorency, etc. Jean de Beaune de Semblançai, surintendant des finances sous François Ier, et pendu au gibet de Montfaucon, pour crime de péculat, étoit de cette famille. En mourant, il laissa des biens immenses ; aussi, dit-il au dernier moment : *J'ai mérité la mort pour avoir plus servi aux hommes qu'à Dieu.* Voici l'inscription qui décoroit le Mausolée de Louis de la Trémouille.

D. O. M.

Ici repose le corps de très-haut et très-puissant seigneur messire Louis de la Trémouille, marquis de Noirmoustier, vicomte

de Tours , baron de Château-Neuf et de Sem-
blançay , seigneur de la Carte , de la Rocherie ,
de la Ferté-Milon , lieutenant général pour
le roi , en Poitou , qui décéda le 4 septembre
1613 , âgé de vingt-sept ans

Priez Dieu pour son ame.

Nᵒ. 162.

Statue couchée, en marbre blanc , représentant Guillaume de Dowglas, dix-huitième du
nom , qualifié dans son épitaphe , qui a été
brisée par les révolutionnaires , lord , comte
d'Anguse , pair et premier prince d'Ecosse ;
l'auteur de cette statue, qui est inconnu , a représenté ce guerrier armé de pied en cap.
Guillaume de Dowglas , né en 1594 , mourut
à Paris, le 3 mars 1611 ; il s'étoit attaché à
l'étude des antiquités d'Ecosse , et composa
une histoire généalogique des Dowglas et des
Stuarts. Dans un voyage qu'il fit en France,
sous le règne de Henri III , il embrassa la religion catholique , et mourut , dit le père An-
selme, en odeur de sainteté.

Lorsqu'on exhuma les corps enterrés à l'abbaye de Saint-Germain-des-Prés , on trouva
dans la chapelle Saint-Christophe , où étoit le
caveau des Dowglas, le corps de Jacques de
Dowglas , prince de Mortony. Il étoit assez
bien conservé et revêtu d'un manteau ducal

d'étoffe rouge. Entre sa bière et le cercueil de plomb qui l'enveloppoit, on trouva une lame d'argent sur laquelle les vers suivans étoient gravés.

Dowglasidum nova spes , patriæ lux, regibus orte ,
  Gallo-Scotigenum , princeps Mortonii jaces ,
Dum longá innumeros languentes pace triumphos
  Majorum recolis , dignaque morte geris ,
Armaque dum proavum reddiviva è funere tractas,
  Heu cædis in media dia propago viá !
Scillicet haud poterat mors exuperare tuorum ,
  Scandere nec te vult inclyta facta patrum.

On trouva dans la même chapelle les cadavres d'Anne Spencer, duchesse de Dowglas, d'Hamilton et de Brandon, de Georges de Dowglas, colonel, de Jacques ò Rourske de Cousen , baron de Courchamp, dont nous aurons occasion de parler dans le volume suivant ; de la comtesse de Dumbarton, de Georges de Dowglas son mari , de Marguerite Stuart, fille du roi Robert III et femme d'Archibald Dowglas, duc de Touraine et comte de Longueville. Je remarquai aussi plusieurs autres cercueils qui ne portoient point d'inscriptions.

J'ai restauré ce monument qui avoit beaucoup souffert par les dégradations commises dans les églises , en 1793 , avec les débris d'une chapelle que j'ai obtenus du curé de Saint-Médéric, qui avoit intention de la faire démolir pour l'agrandissement de son église. Ce monument, d'une architecture pure et d'un style fin et agréable, formé de trois ordres l'un sur l'autre, ornés de dorures et de bas-reliefs du meilleur goût, a été composé et sculpté par Pierre Berton de Saint-Quentin; ainsi que le constate une inscription que j'ai découverte sur le chapiteau de la colonne du premier ordre; elle est ainsi conçue : *Pierre Berton a fait ste Besoigne l'an 1542; natif de Saint-Quentin.*

N°. 472.

Statue en marbre blanc d'un guerrier à genoux, armé de pied en cap, représentant Philippe de Castille. Ce jeune guerrier mourut à vingt-huit ans, d'une maladie de langueur, des suites d'un coup de feu qu'il reçut à la cuisse, dans un combat. Cette figure, parfaitement exécutée, et d'une grande exactitude pour le costume, appartenoit à M. Rosty, sculpteur, demeurant à Melun, qui a bien voulu me la céder; il l'avoit acquise à Chenoise, près Provins, où elle avoit été placée dans le couvent des religieux de la Merci. Voici son épitaphe :

Philippi de Castille hìc mortales conduntur exuviæ,

adolescentis indolis eximiæ cui virtus generis clariludini super inductæ ante annos contigit. Nam lustrato vix dum puber oriente , equitum classi mixtus Melitensium , Leucadis expugnationi interfuit , glande plumbeæ dum vallum superat à barbaris crure trajecto. Redditus tandem patriæ, inter fortissimos XIII selectæ nobilitatis ordines à rege Lodoico conscriptus 1625. Anglis insulam Ream obsidentibus arci subsidio adfuit : quibus fusis fugatisque , Martium spirantes animos ardentemque bellicæ laude juvenem , non domus patris anxia , non opes avitæ , non denique principis favor demulsit , quominus spretis urbis dominæ illiciis , Alpe superata , Venetos bellum molientes adiret : acceptus ubi peramenter à serenissimo duce augustissimoque senatu peregrinam virtutem mirantibus duobus peditum millibus , totidemque catafractorum equitum turris præficitur. At , heu mortalium spem infidam ! Dum creditati belli munia adolescens viriliter exequi parat , exitiali morbo correptus Galliam , medicis imperantibus , repetere cogitur ære nativo frustrà convaliturus ; contracto cælo namque febris Italo præcordiis hæserat lethaliter , quæ constantem et adversus omnes casus firmissimum juvenem , malè indicantibus fatis Briaræ Carnutum acerbo funere abstulit. Philippus de Castille et Catharina de Ligny parentes luctu exanimes filio dulcissimo desideratissimo M. P. P.

Vixit annos XX. M. III. D. V.

Obiit IIII. kal. Maii, anno salutis

CIƆ. IƆC. XXVII.

Observations sur le costume de cette Statue.

On peut remarquer que Philippe de Castille

N.º 472. et 162.

PHILIPE DE CASTILLE.

MORT EN CIƆ.IƆCXXVII.

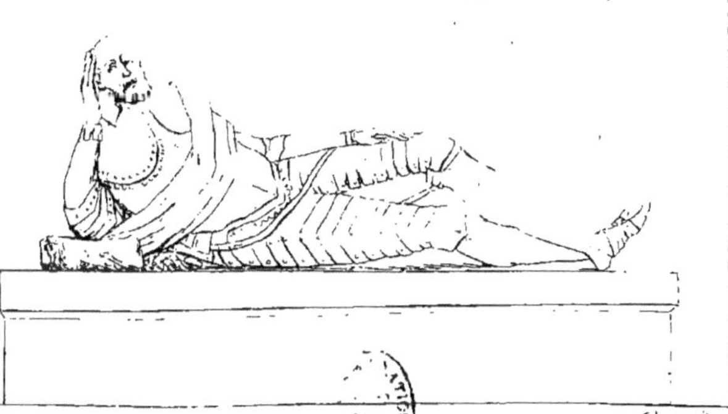

Guillaume de Drummond Comte
d'Airquash, Pair d'Ecosse.

Gigot sculp.

est représenté ici armé de pied en cap , ayant à ses côtés un simple fourreau d'épée sans lame. Saint-Foix dit à ce sujet que c'étoit la manière de représenter tous les chevaliers morts en *servage* ou en *prison ;* mais comme l'épitaphe qu'on vient de lire ne dit point que Philippe de Castille soit mort en prison , nous n'osons point confirmer l'opinion de Saint-Foix , dont nous avons eu occasion plusieurs fois de relever les erreurs , d'après les monumens qui sont conservés dans ce Musée , quoique la statue dont il est ici question , en porte bien le caractère par la manière dont le fourreau de l'épée a été sculpté. Le mot *servage* doit se prendre ici dans la simple acception d'engagement à ne point porter les armes contre le souverain qui accordoit la liberté à ses prisonniers , ce qui , dans des temps plus modernes , s'est remplacé par l'usage des *prisonniers sur parole.* Il me reste maintenant à parler de la *longue mèche de cheveux* que l'on voit sur l'épaule droite de ce guerrier , que l'on considère comme une marque distinctive en Espagne , et dont les historiens font remonter l'origine aux rois Maures.

La maison d'Henriquès a fourni deux branches très-puissantes en Espagne, l'une, surnommée d'Arragon , et l'autre , de Castille ;

comme les noms patronimiques sont quelquefois remplacés par les surnoms ou noms de
fiefs , surtout dans le style lapidaire , dont la
concision fait le premier mérite , il est possible
que cette figure représente un homme de cette
famille , et il est vraisemblable que c'est un
Espagnol de distinction , attendu la *mèche de
cheveux* que l'on voit à la tête de cette statue.
Chez les Goths , ainsi que chez les Gaulois et
les Francs , comme j'ai déjà eu occasion de l'observer dans le cours de cet ouvrage , la longueur
de la chevelure étoit la marque de la naissance
ou du pouvoir (*Voyez* tome Ier, page 147 ; et
comme j'aurai occasion de le dire dans la suite,
lorsque je parlerai d'une statue de Clovis Ier,
faite du temps de ce prince, qui est numérotée
9 (*bis*). Cette distinction étoit alors universelle,
car les rois Maures, à qui leur religion défendoit
cet ornement, réservoient pourtant une longue
mèche de cheveux dont ils surmontoient leur
coiffure , et plus timorés que ceux d'Espagne ,
les Mahométans d'Asie la remplacèrent par
une queue de cheval. L'ouvrage intitulé (*des
Curiosités du royaume de Grenade , Paris,
1600*), représente plusieurs vice-rois et gou-
verneurs chrétiens de ce royaume , sous le
règne de Ferdinánt le Catholique , qui sont ,
à peu de chose près , vêtus comme les rois

Maures, ses prédécesseurs. Sans avoir le turban, ils portent la cimare aux couleurs du royaume, une couronne ducale et la *mèche de cheveux* dont il est ici question ; il est possible aussi que son usage remonte aux rois Maures, et soit particulier à l'Espagne. L'histoire de ce royaume pourroit donner quelques instructions à cet égard, mais il me semble démontré que cette mode-là n'a jamais été fort répandue en France. Je me rappelle avoir vu, quelques années avant la révolution, dans le château de la Potelière, en Normandie, le portrait en pied de Don Juan de Gouzman, vice-roi de Murcie et grand-père de la feue duchesse de Las-Torrès, représenté vêtu à la mode du dix-septième siècle, avec les hauts-de-chausse et le pourpoint tailladé, dont j'ai parlé plus haut; il est coiffé d'un petit chaperon blanc, et il tient d'une main *une longue mèche de cheveux* qui lui couvre entièrement l'oreille droite.

Description des planches relatives à la restauration des Châteaux d'Anet et de Gaillon. Voyez dans ce volume, pge 44.

PLANCHES POUR LE CHATEAU D'ANET PLACÉ DANS LA PREMIÈRE COUR.

Planche Ire, cotée 159, *n°.* 538 (*bis*).

Élévation de la principale façade du Château d'Anet,

avec les différens projets proposés pour sa restauration.
(*Voyez* la description dans ce volume, page 44).

Planche IIme, cotée 160 *, n°.* 538 (*bis*)., Cette planche
contient trois dessins.

A. Plan général de la cour. *D.* Vue perspective prise
de la porte d'entrée par la rue des Petits-Augustins.
Cette vue laisse apercevoir le fond des autres cours jusqu'au fond du jardin Élysée. *E.* Vue perspective de la
cour d'entrée, prise du portique existant.

Planche IIIme, cotée 161 *, n°.* 540.

B. Elévation d'une des parties latérales de la cour.

Planche IIIIme, cotée 162 *, n°.* 540.

C. Coupe de la partie circulaire qui est à l'opposite du
portail déjà placé. Sur le devant, on voit la colonne
dont il est parlé dans la description générale, page 52.

PLANCHES POUR LE CHATEAU DE GAILLON PLACÉ DANS LA SECONDE COUR.

Planche Ire, cotée 163 *, n°.* 538 (*bis*).

Elévation de la façade du fond de la cour. *Voyez* sa
description dans ce volume, page 53, et sur le plan
(*planche IIIme, cotée* 165), la masse qu'elle présente.
Cette façade déjà élevée, est entièrement restaurée.

Planche IIme, cotée 164 *, n°.* 538 (*bis*).

Elévation d'une des façades latérales. La belle galerie
soutenue par six piliers, comme on le voit dans la gravure, donnera entrée à une salle qui sera pratiquée
derrière ce monument, de manière à recevoir la belle

boiserie dont j'ai donné la gravure et la description tome 3, page 20, etc. *Voyez* sur le plan (*Planche IIIme, cotée* 165) la masse qu'elle présente. Les deux autres façades seront formées d'une porte arabesque qui fera face au portique déjà existant (*Planche Ire, cotée* 163), de niches, de statues et d'autres détails précieux tirés du même Château. *Voyez* sur le plan *B* le même n°. 4, et pour la colonnade dont je parle, le n°. 2. La description se trouve dans ce volume, page 54.

Planche IIIme, cotée 165, *n°.* 538 (*bis*).

Plan général des trois cours du Musée, suivant leur ordre de date et les dispositions exigées par les monumens qui doivent les composer. D'abord *A* fait voir celle du *seizième* siècle, construite avec les démolitions du Château d'Anet ; la seconde *B*, celle du *quinzième* siècle, bâtie avec les façades arabesques du Château de Gaillon ; et la troisième *C*, celle arabe, ornée des débris d'une basilique du *quatorzième* siècle.

FIN DU TOME QUATRIÈME.

restauration du Portique de la Maison de Diane de Poitiers

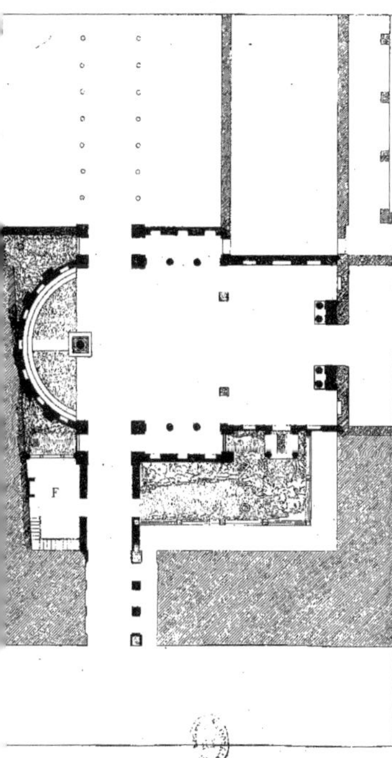

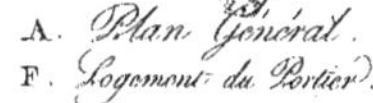

A. Plan Général.
F. Logement du Portier.

D. Vue perspective, prise de la porte d'entrée par la
Rue des Petits Augustins.

E. Vue perspective de la cour d'entrée, prise du Portique existant.

Percier del. et sc.

Suite de la restauration du Château d'ANET, dans le Musée des Monumens Français.

Suite de la restauration du Château d'ANET, dans le Musée des Monumens Français.

Suite de la restauration du Château d'ANET, dans le Musée des Monumens Français.

Première Façade de la restauration du Château de GAILLON dans la deuxième Cour du Musée des Monumens Français.

N.° 5.58. (bis.)

Seconde Façade de la restauration du Château de GAILLON, dans la 2.° Cour du Musée des Monumens Français.

A

B

C

Rue des petits Augustins

A . Cour du 16.e Siècle.
B . Cour du 15.e Siècle.
C . Cour Arabe, dite Gothique.

N.º 1. Façade qui conduit à l'Elysée.
N.º 2. Colonade ou Galerie couverte.
N.º 3. Façade composée d'une Galerie.
N.º 4. Façade tenante à la Cour A.

Bovet del. et sc.

_ Plan Général des trois Cours du Musée des Monumens Français, formant trois époques remarquables de l'architecture en France. (16.e 15.e & 14.e Siècle.)

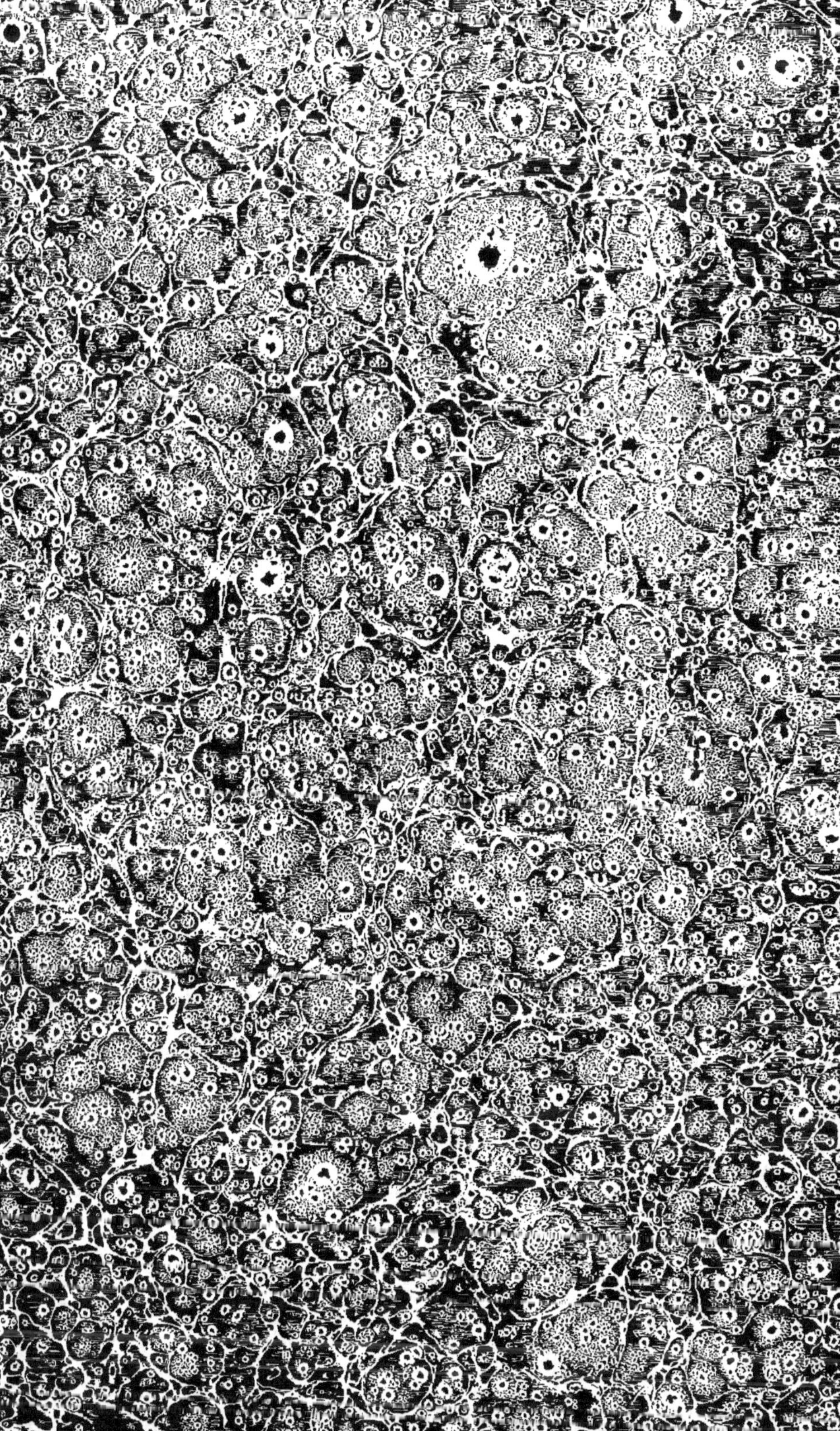

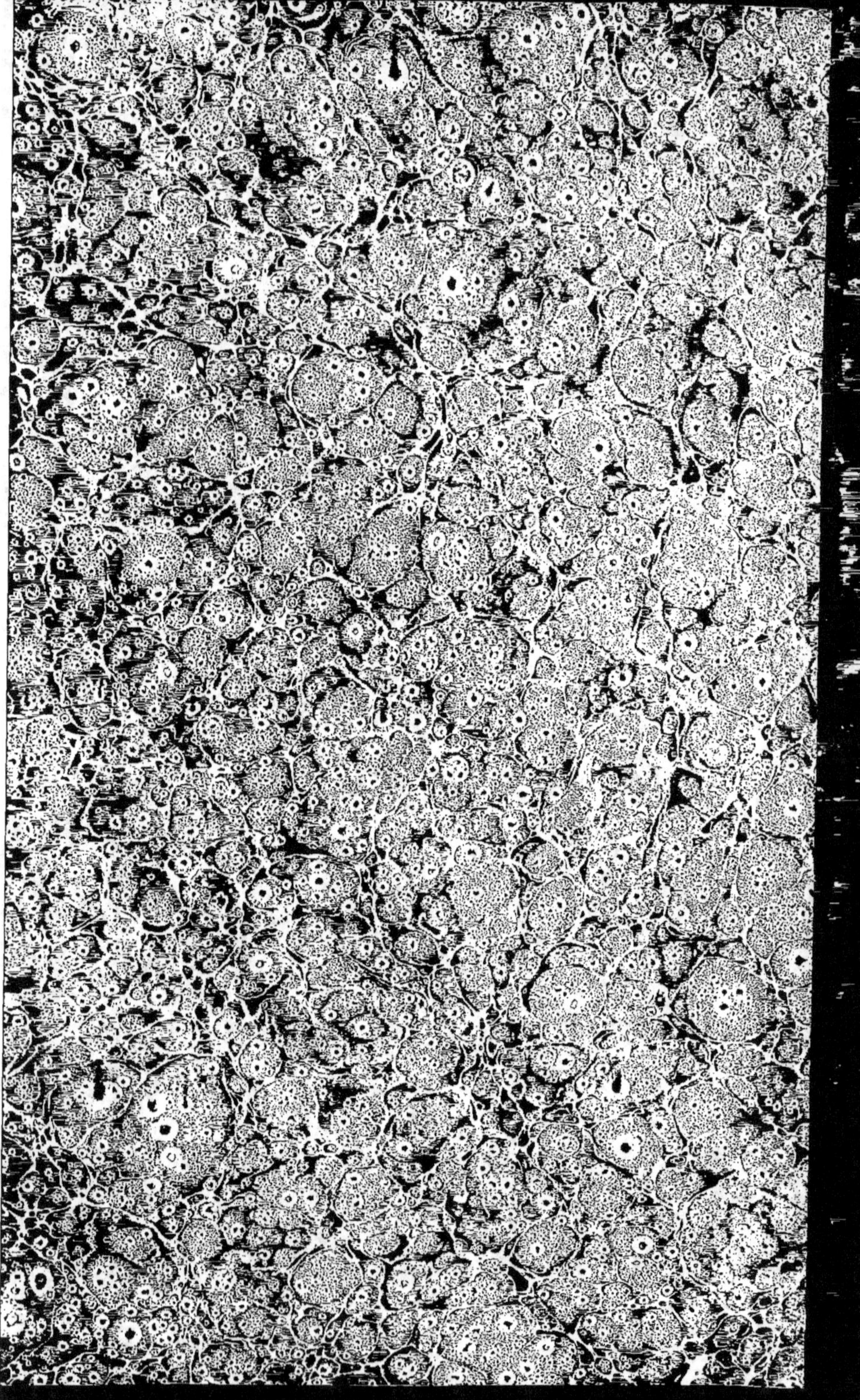